武汉城市圈制造业研究丛书

武汉城市圈制造业发展研究报告 2014

于　敏　肖华东　编著

武汉理工大学出版社

·武汉·

图书在版编目(CIP)数据

武汉城市圈制造业发展研究报告 2014/于敏,肖华东编著. —武汉:武汉理工大学出版社,2016.11
(武汉城市圈制造业研究丛书)
ISBN 978-7-5629-5136-0

Ⅰ.①武… Ⅱ.①于… ②肖… Ⅲ.①制造工业-经济发展-研究报告-武汉-2014 Ⅳ.①F426.4

中国版本图书馆 CIP 数据核字(2016)第 251455 号

项目负责人:李兰英　　　　　　　　　　　　　　责 任 编 辑:李兰英
责 任 校 对:梁雪姣　　　　　　　　　　　　　　封 面 设 计:许伶俐
出 版 发 行:武汉理工大学出版社
地　　　址:武汉市洪山区珞狮路 122 号
邮　　　编:430070
网　　　址:http://www.wutp.com.cn
经　　　销:各地新华书店
印　　　刷:武汉兴和彩色印务有限公司
开　　　本:787×960　1/16
印　　　张:12.5
字　　　数:231 千字
版　　　次:2016 年 11 月第 1 版
印　　　次:2016 年 11 月第 1 次印刷
定　　　价:59.00 元

前言 QianYan

　　"建设国家中心城市，武汉要当仁不让！"2011年12月25日，湖北省委常委、武汉市委书记阮成发向近1000万武汉市民发出了复兴大武汉的呼声。武汉将通过10年或更长时间的发展，成为与北京、天津、上海、广州和重庆5座城市比肩的城市。

　　武汉只有打造成高端要素聚集中心，成为国家创新中心、国家先进制造业中心和国家商贸物流中心，才能成为国家中心城市。这"三个中心"的目标，是根据武汉的基础和国家中心城市应有的功能提出的。武汉的科教人才优势是国家创新中心的基础，武汉有超过114万大学生，全国第一；80所高校、科研院所，居国内第一方阵。武汉作为老工业基地是建设国家先进制造业中心的基础，武汉制造业快速发展，拥有较多的新型工业化、高新技术发展的成果。武汉优越的地理位置、高度发达的商业，是建立国家商贸物流中心的基础。武汉拥有"九省通衢"的区位优势——武汉高铁位处中国铁路十字架的中心点，还拥有亚洲最大的客运编组站。2012年，武汉成为"四小时经济圈"的中心，在国家交通版图中的中心地位进一步得到巩固。随着长江黄金水道的复苏，武汉的航运亦将复兴；同时，武汉也是国内六大航空枢纽中心之一。

　　2010年，武汉市GDP为5565.93亿元，在中部排名第一；2011年，武汉市GDP达到6762.20亿元，跨越了6000亿元大关，年均增长14.3％；2012年，这一数值达到8003.82亿元，在全国15个副省级城市中排位第四，挺进全国城市第九位,重返全国城市经济总量 10 强,这是时隔 22 年后,武汉再一次站在中国经济板块第一方阵中;2013 年,达到 9051.27 亿元;2014 年,达到 10069.48 亿元,挺进全国城市第八位,跃居副省级城市第三。

正是基于以上几个背景,作为湖北省人文社会科学重点研究基地的"武汉城市圈制造业发展研究中心,更加有必要认真分析与研究武汉城市圈制造业发展的历史、现状及其特点。因此,我们以武汉城市圈(下文中有时简称为城市圈)的制造业为研究对象,进行了一系列的相关研究,本报告即为 2015 年的研究成果之一,并由武汉城市圈制造业发展研究中心资助出版。

本报告的研究包括以下 7 个部分:

1. 武汉城市圈制造业发展的总体评价。在从企业数量、工业总产值、主营业务收入、税收总额等方面对武汉城市圈制造业的发展进行总体分析的基础上,重点对武汉城市圈制造业利用外资及对外贸易状况、科技发展状况、资源环境状况等展开了分析。

2. 武汉城市圈制造业发展的总体结构分析。重点分析了武汉城市圈制造业各行业的产值结构、就业结构、产品出口结构和效益结构,并探讨了武汉城市圈对外贸易发展的对策及推进武汉城市圈产业融合与效益结构优化的途径。

3. 武汉城市圈制造业发展的竞争力分析。对武汉城市圈制造业各行业生产效率、获利能力、规模产出竞争力和资产管理能力进行了实证分析。

4. 武汉城市圈制造业发展的一体化模式研究。在对武汉城市圈制造业一体化的现状与问题进行分析的基础上,剖析了武汉城市圈制造业一体化存在问题的成因,并进一步探讨了武汉城市圈制造业一体化的机制和具体路径。

5. 武汉城市圈制造业发展的要素支持研究。从武汉城市圈制造业发展的金融支持、劳动力技能、信息化、产权制度等方面的现状和问题出发,探讨了武汉城市圈制造业发展的要素支持体系建设。

6. 武汉城市圈制造业总体经济发展研究。在对武汉城市圈制造业总体经济发展现状、优势与不足进行分析的基础上,提出了一系列武汉城市圈制造业发展总体经济的对策建议。

　　7. 武汉城市圈制造业企业财务风险评价。在分析武汉城市圈制造业企业财务风险的特征和成因的基础上,对武汉城市圈制造业企业财务风险进行了实证研究,并探讨了加强武汉城市圈制造业企业财务风险管理的相关对策。

　　本报告的第 1 章由于敏、向琳、吕晓彤、王志芳撰写,第 2 章由陶权、王婷撰写,第 3 章由王文清、杨波、叶姗、方莉撰写,第 4 章由吴云雁、王琼、王薇撰写,第 5 章由肖华东、刘兰、张晓翊、朱春燕撰写,第 6 章由于敏、钟丽华、黄喆撰写,第 7 章由王文清、杨波、叶姗撰写。最后的统稿工作由于敏、肖华东完成。

　　在本报告的撰写过程中,参阅了国内外大量的文献,在此谨向这些参考文献的编著者表示诚挚的谢意。由于撰写水平有限,时间仓促,报告中难免有错误和不足之处,恳请读者不吝指正,以便我们在后期的研究工作中改进和提高。

MuLu 目录

武汉城市圈制造业发展研究报告2014

武汉城市圈制造业现状分析

1.1　武汉城市圈制造业的形成和发展目标

1.1.1　武汉城市圈概况

　　20 世纪 50 年代,法国地理学家戈特曼首次提出大都市圈(Mega-lopolis)的概念。后来,国内外根据城镇与区域发展的不同特点,提出了以下类似城镇空间形态的概念:20 世纪 50 年代,美国的"城市化地区"(Urbanized Area,UA)、日本的"都市圈"、意大利的"城市化区域"(Urbanized Region);20 世纪 60 年代,意大利的"大都市圈"(Metropolitan Region);20 世纪 70 年代,美国的"标准都市统计区"(Standard Metropolitan Statistic Area,SMSA)等。中国学者借鉴了西方城镇群体空间的相关理论提出了中国式"都市区"(Metropolitan Area)、"都市连绵区"(Metropolitan Interlocking Region,MIR)、城市群(Urban Agglomerations)、城镇密集区、都市圈等概念[1]。随后,国内外学者对"城市圈"的经济效益、可操作性及参数测度等都做了不同程度的研究。

　　2002 年初,论文《发展"大武汉"集团城市的构想》和《"大武汉"集团城市发展方略》相继发表,这两篇论文被公认为是武汉城市圈理论的奠基之作。2002 年 6 月的湖北省第八次党代会上首次确认了"武汉城市圈"的概念。武汉城市圈位于湖北省东部,是由武汉及周边若干城市组成的一个经济联合体,主要指武汉市及在其 100 公里半径内的黄石、鄂州、孝感、黄冈、咸宁、仙桃、潜江、天门等周边 8 个城市构成的城镇密集区域,即"1+8"模式,土地面积为 58052 平方公里,总人口为 3073.82 万人。

1.1.2 武汉城市圈制造业的构成

根据湖北统计局统计分类,武汉城市圈的制造业共包括 31 个行业。相关行业名称、编号见表 1-1。

表 1-1 武汉城市圈制造业行业分类表

编号	行业名称	编号	行业名称
01	农副食品加工业	17	橡胶和塑料制品业
02	食品制造业	18	非金属矿物制品业
03	酒、饮料和精制茶制造业	19	黑色金属冶炼和压延加工业
04	烟草制品业	20	有色金属冶炼和压延加工业
05	纺织业	21	金属制品业
06	纺织服装、服饰业	22	通用设备制造业
07	皮革、毛皮、羽毛及其制品和制鞋业	23	专用设备制造业
08	木材加工和木、竹、藤、棕、草制品业	24	汽车制造业
09	家具制造业	25	铁路、船舶、航空航天和其他运输设备制造业
10	造纸及纸制品业	26	电气机械和器材制造业
11	印刷和记录媒介复制业	27	计算机、通信和其他电子设备
12	文教、工美、体育和娱乐用品制造业	28	仪器仪表制造业
13	石油加工、炼焦和核燃料加工业	29	其他制造业
14	化学原料和化学制品制造业	30	废弃资源综合利用业
15	医药制造业	31	金属制品、机械和设备修理业
16	化学纤维制造业		

1.1.3 武汉城市圈制造业的发展目标

制造业作为国民经济发展的支柱产业,是国家繁荣富强的坚实基础。制造业的发展水平在很大程度上决定了国家的综合国力和国家竞争力。随着高新技术的发展,制造业的结构和表现形式逐渐发生了变化,而供给侧结构性改革更是让制造业逐渐向知识经济的方向发展。因此,制造业的发展必须坚持科技创新、资源集约、环境友好的可持续发展道路。

2007 年,国务院批准武汉城市圈为"全国资源节约型和环境友好型社会建设综合配套改革试验区",对武汉城市圈新型制造业的发展提出了更高的要求。加快推进武汉城市圈制造业转型,既是提高湖北整体竞争力的关键,也是构建中部崛起重要战略支点的重要途径和核心平台。

1.2　武汉城市圈制造业的总体运行状况

1.2.1　武汉城市圈制造业总体运行概况

(一)武汉城市圈总体经济状况分析

2014 年,湖北省工业内部结构得到改善,高新技术制造业发展较快,全年完成的增加值比 2013 年增加 17.0%,占规模以上工业企业增加值的比重达到7.9%。2014 年全年全省工业完成主营业务收入为 40707.96 亿元,比 2013 年增加 9.6%,其中:农副食品加工业,饮料和精制茶制造业,纺织、化学原料和化学制品制造业,橡胶和塑料制品业,建材、钢铁、有色金属制造业,通用设备制造业,汽车、电气机械制造业,电子设备制造业等制造业重点行业实现主营业务收入超千亿元。工业产品销售率为 97.1%。全年全省工业企业实现利润 2174.63亿元,同比增加 5.9%。武汉城市圈地区生产总值为 17265.15 亿元,其中第一产业地区生产总值为 1565.69 亿元,第二产业地区生产总值为 8465.89 亿元,工业地区生产总值为 7175.37 亿元,第三产业地区生产总值为 7233.57 亿元;武汉城市圈人均地区生产总值为 56047 元,见表 1-2。

表 1-2　2014 年武汉城市圈主要经济指标(一)

	地区生产总值(亿元)	第一产业(亿元)	第二产业(亿元)	工业(亿元)	第三产业(亿元)	人均地区生产总值(元)
合计	17265.15	1565.69	8465.89	7175.37	7233.57	56047
武汉市	10069.48	350.06	4785.66	3942.75	4933.76	97962
黄石市	1218.56	105.03	723.45	648.45	390.08	49796
鄂州市	686.64	81.15	407.19	370.19	198.30	64906
孝感市	1354.72	252.17	664.36	583.73	438.19	27891
黄冈市	1477.15	375.12	586.10	454.02	515.93	23607

续表 1-2

	地区生产总值(亿元)	第一产业(亿元)	第二产业(亿元)	工业(亿元)	第三产业(亿元)	人均地区生产总值(元)
咸宁市	964.25	172.03	476.59	427.66	315.63	38770
仙桃市	552.27	83.96	295.99	272.38	172.32	46984
潜江市	540.22	68.07	316.86	285.96	155.29	56662
天门市	401.86	78.10	209.69	190.23	114.07	31145

资料来源:《湖北统计年鉴 2015》。

　　2014 年,武汉城市圈全社会固定资产投资 14382 亿元,地方财政收入 1571.46亿元,城镇居民人均可支配收入 27264 元,农村居民人均纯收入 10093 元,社会消费品零售总额 7456.62 亿元,见表 1-3。

表 1-3　2014 年武汉城市圈主要经济指标(二)

	全社会固定资产投资(亿元)	地方财政收入(亿元)	城镇居民人均可支配收入(元)	农村居民人均纯收入(元)	社会消费品零售总额(亿元)
合计	14382	1571.46	27264	10093	7456.62
武汉市	7002.85	1101.02	33270	16160	4369.32
黄石市	1168.46	89.38	25208	10957	514.08
鄂州市	698.04	42.74	22763	12692	227.84
孝感市	1536.96	107.32	23491	11597	678.16
黄冈市	1717.39	96.04	20729	9388	701.26
咸宁市	1170.85	70.76	21591	10891	356.05
仙桃市	384.55	24.16	22503	13193	230.85
潜江市	372.25	22.69	22609	12862	148.00
天门市	330.65	17.35	20622	12086	228.08

资料来源:《湖北统计年鉴 2015》。

(二)武汉城市圈制造业分地区发展状况分析

　　武汉城市圈各城市制造业主体行业类似,但发展水平有明显差异。《湖北统计年鉴 2015》数据显示:2014 年,武汉城市圈规模以上工业企业 8255 个,占全省 51.73%。

(1)武汉市规模以上制造业企业 2454 个,占全市工业企业总数的 93.54%,制造业生产总值为 9360.05 亿元,主营业务收入为 11483.17 亿元,税收总额为 531.39 亿元,支柱型制造业产业包括汽车制造业、电气机械及器材制造业、设备制造业等。武汉市支柱型制造业企业包括东风汽车公司、武汉重型机床集团有限公司、武汉船舶厂、武汉钢铁公司等。

(2)黄石市规模以上工业企业 731 个,工业总产值为 2196.72 亿元,主营业务收入为 2613.63 亿元,税收总额为 15.23 亿元,其中钢铁制造业、有色金属加工业、纺织业等制造业产业占比较大。黄石市支柱型制造业企业包括湖北美尔雅股份有限公司、湖北美岛服装有限公司、湖北新冶钢有限公司等。

(3)鄂州市规模以上工业企业 541 个,工业总产值为 1359.24 亿元,主营业务收入为 1287.67 亿元,税收总额为 8.13 亿元,其中以金属冶炼加工业、生物医药制造业、电子设备制造业等产业为主。支柱型制造业企业包括武汉钢铁集团鄂城钢铁有限责任公司、多佳集团、湖北康源药业有限公司等。

(4)孝感市规模以上工业企业 1251 个,工业生产总值为 2482.09 亿元,主营业务收入为 2392.24 亿元,税收总额为 33.03 亿元,支柱型制造业产业包括汽车制造业、食品加工业、化工制造业。支柱型企业包括湖北汽车齿轮厂、湖北三江航天万山特种车辆有限公司、湖北双环科技股份有限公司、舒氏集团等。

(5)黄冈市规模以上工业企业 1413 个,工业总产值为 1757.46 亿元,主营业务收入为 1525.63 亿元,税收总额为 12.38 亿元,其中食品制造业、医药制造业、纺织业为其支柱产业。大中型制造业企业有黄冈市江润造船有限公司、湖北富驰化工医药股份有限公司、湖北福欣机床制造有限公司等。

(6)咸宁市规模以上工业企业 896 个,工业生产总值为 1700.79 亿元,主营业务收入为 1576.79 亿元,税收总额为 13.63 亿元,支柱型制造业产业包括食品加工业、纺织业、医药制造业、金融冶炼加工业。大中型企业包括蓝田啤酒有限公司、洁丽雅咸宁工业园、湖北巨宁森工股份有限公司、湖北福人药业股份有限公司等。

(7)仙桃市规模以上工业企业 396 个,工业生产总值为 964 亿元,主营业务收入为 929.92 亿元,税收总额为 5.18 亿元,支柱产业包括食品加工业、纺织业、医药加工业、电子产品加工业等。支柱型制造业企业有湖北银丰集团有限责任公司、湖北联亮纺织有限公司、仙桃市中星电子材料有限公司等。

(8)潜江市规模以上工业企业 273 个,工业生产总值为 1032.28 亿元,主营业务收入为 1004.14 亿元,税收总额为 27.78 亿元,主要制造业产业包括金属冶炼加工业、医药制造业、纺织业、农副产品加工业。大中型企业有潜江金松纱业有限公司、湖北潜江制药股份有限公司、潜江市莱克水产食品有限公司等。

（9）天门市规模以上工业企业 300 个，工业生产总值为 731.08 亿元，主营业务收入为 720.75 亿元，税收总额为 7.18 亿元，主要制造业产业包括纺织业、机械制造业、食品加工业、医药制造业。支柱型企业包括天门纺织机械有限公司、湖北益泰有限公司、东风华泰铝轮毂有限公司、湖北成田制药有限公司等。

武汉城市圈制造业企业数 6664 个，创造工业总产值约为 16788.76 亿元，制造业主营业务收入约为 17208.67 亿元，制造业利税总额约为 1866.17 亿元，见表 1-4。

表 1-4　武汉城市圈制造业主要指标情况一览表

	制造业企业数（个）	工业总产值（万元）	制造业主营业务收入（万元）	制造业利税总额（万元）
武汉市	2273	93900500	99286400	12181700
黄石市	465	7373300	8132200	470600
鄂州市	387	7311203	2189736	225128
孝感市	1088	20244014	19834944	1794264
黄冈市	1052	13783234	11877600	931900
咸宁市	683	11492400	10684100	1412500
仙桃市	329	8184796	8022345	1050651
天门市	135	2958151	2849365	335001
潜江市	252	2640000	9210000	260000
总计	6664	167887598	172086690	18661744

资料来源：《湖北统计年鉴 2015》《武汉统计年鉴 2014》《黄石统计年鉴 2010》《鄂州统计年鉴 2012》《孝感统计年鉴 2014》《黄冈统计年鉴 2014》《咸宁统计年鉴 2013》《仙桃统计年鉴 2012》《天门统计年鉴 2011》。

说明：由于各城市统计数据不全，因此各市的四项指标不能保证时间一致。其中武汉为 2013 年数据；黄石为 2009 年数据；鄂州为 2011 年数据；孝感为 2013 年数据；黄冈为 2013 年数据；咸宁为 2012 年数据；仙桃为 2011 年数据；天门"制造业企业数"为 2012 年数据，另三项则为 2010 年数据；潜江缺乏制造业数据，因此用 2013 年工业企业数、工业总产值、工业主营业务收入和利税总额代替。

1.2.2　武汉城市圈制造业总体发展趋势

(一)武汉城市圈制造业企业数分析

2014 年湖北省工业企业数 15957 个，其中制造业 14900 个，占比 93.4％，且制造业企业也多数分布于武汉城市圈各城市中。因此,武汉城市圈制造业发展情况基本可通过城市圈工业数据反映。

　　武汉城市圈工业企业数量由 2009 年的 7527 个变为 2014 年的 8255 个。2011—2013 年,企业数量整体处于稳步增长阶段,但 2009—2011 年时该值波动明显。由 2009 年的 7527 个增长到 2010 年的 8750 个后,骤降至 2011 年的 5859个(表 1-5),其数量下降的主要原因是小型企业的减少。但同期大型企业增长显著。2010—2013 年武汉城市圈工业企业数量增长率如图 1-1 所示。

表 1-5　2009—2014 年武汉城市圈工业企业数量概况

年份	工业企业数(个)	大型企业(个)	中型企业(个)	小型企业(个)
2009	7527	62	677	6549
2010	8750	63	763	7924
2011	5859	169	959	4731
2012	6647	192	1009	5303
2013	7540	202	1197	6141
2014	8255	—	—	—

资料来源:2010—2015 年湖北统计年鉴。

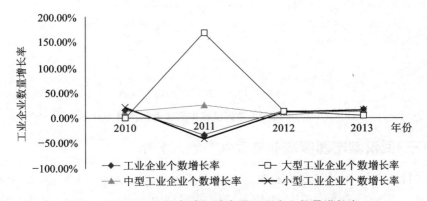

图 1-1　2010—2013 年武汉城市圈工业企业数量增长率

(二)武汉城市圈工业总产值分析

　　武汉城市圈的工业总产值逐年增加,但增长幅度却逐年减小。增幅较大的是

2009—2010 年,由 9705.36 亿元增加到 13146.42 亿元,同比增长了 35.46%;增幅较小的是 2014 年,由 2013 年的 22506.69 亿元增加到 2014 年的 24447.69 亿元,同比增长了 8.62%。见表 1-6 和图 1-2。

表 1-6　2009—2014 年武汉城市圈制造业发展概况

年份	工业总产值(亿元)	增长率
2009	9705.36	—
2010	13146.42	35.46%
2011	16384	24.63%
2012	19479	18.89%
2013	22506.69	15.54%
2014	24447.69	8.62%

资料来源:2010—2015 年湖北统计年鉴。

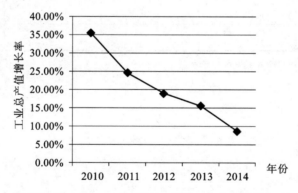

图 1-2　2010—2014 年武汉城市圈工业总产值增长率

(三)武汉城市圈制造业主营业务收入分析

2011—2013 年武汉城市圈制造业的主营业务收入增幅较为平稳,2014 年增速放缓。由 2011 年的 16102.7 亿元增加到 2012 年的 18983.17 亿元,同比增长了 17.89%;由 2012 年的 18983.17 亿元增加到 2013 年的 22234.91 亿元,同比增长了 17.13%;由 2013 年的 22234.91 亿元增加到 2014 年的 23533.95 亿元,同比增长了 5.84%。如图 1-3 所示。

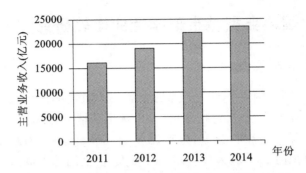

图 1-3 2011—2014 年武汉城市圈制造业主营业务收入

资料来源:2012—2015 年湖北统计年鉴。

(四)武汉城市圈制造业利税总额分析

2014 年,武汉城市圈制造业的利税总额除黄冈、咸宁、仙桃以外其他城市普遍增长。武汉市仍占据较大比重;各城市中增幅最大的是天门市,较 2013 年增长 18.67%;下降幅度最大的是咸宁市,较 2013 年降低了 22.91%。城市圈总额较为稳定,较 2013 年增长了 4.47%。见表 1-7。

表 1-7 2013—2014 年武汉城市圈制造业利税总额及增长率

	2013 年利税总额(亿元)	2014 年利税总额(亿元)	增长率
武汉	1307.62	1451.69	11.02%
黄石	154.15	161.85	5.00%
鄂州	81.35	93.64	15.11%
孝感	198.9	199.32	0.21%
黄冈	152.56	134.61	−11.77%
咸宁	206.14	158.92	−22.91%
仙桃	113.95	104.58	−8.22%
潜江	53.74	55.32	2.94%
天门	69.16	82.07	18.67%
合计	2337.57	2442	4.47%

资料来源:2014—2015 年湖北统计年鉴。

1.2.3 国内典型城市群制造业比较研究

(一)京津冀都市圈

京津冀都市圈是国家"十一五"规划中的一个重要的区域,区域发展规划按照"2+8"的点、轴模式制定:包括北京、天津两个直辖市和河北省的石家庄、秦皇岛、唐山、廊坊、保定、沧州、张家口、承德 8 个地级市,占地面积 183704 平方公里,占全国总面积的 1.9%;人口 7605.13 万人,占全国总人口的比重为 5.79%。具体区域范畴如图 1-4 所示。

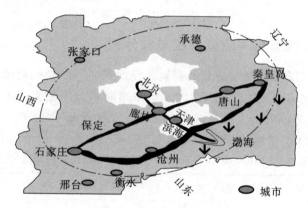

图 1-4 京津冀都市圈区域位置图

京津冀都市圈的产业发展规划各有定位,北京重点发展第三产业,天津主要发挥制造业优势和港口优势,河北省重在建设重化工基地与农业基地。2014年,京津冀都市圈规模以上工业企业数 23979 个,同期增长 10%;规模以上工业总产值 59855.16 亿元,同期增长 14.49%;工业企业主营业务收入 95367.05 亿元。见表 1-8。

表 1-8 2014 年京津冀都市圈制造业发展情况

	北京	天津	河北省	合计
规模以上工业企业数(个)	3686	5501	14792	23979
规模以上工业企业数增长率	1.2%	−0.19%	5.9%	10%
规模以上工业总产值(亿元)	18452.9	26514.51	15969.75	59855.16
规模以上工业总产值增长率	6.23%	13.1%	20.6%	14.49%
工业企业主营业务收入(亿元)	19776.7	28382.59	47207.76	95367.05

资料来源:《北京统计年鉴 2015》《天津统计年鉴 2015》《河北统计年鉴 2015》。

(二)长三角城市群

长三角城市群按最新规划包括上海市,江苏省的南京、无锡、常州、苏州、南通、盐城、扬州、镇江、泰州,浙江省的杭州、宁波、嘉兴、湖州、绍兴、金华、舟山、台州,安徽省的合肥、芜湖、马鞍山、铜陵、安庆、滁州、池州、宜城等 26 市,占地面积为 21.17 万平方公里,2014 年地区生产总值 12.67 万亿元,总人口 1.5 亿人,分别约占全国的 2.2%、18.8%、11.0%。图 1-5 所示为长三角城市群范围图。

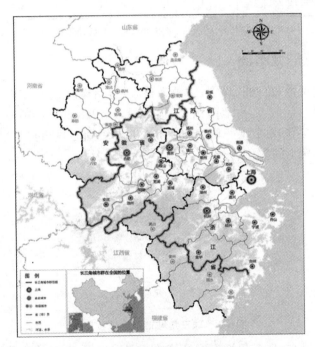

图 1-5 长三角城市群范围图

长三角城市群是我国三大城市群中涵盖城市数量最多的城市群,也是我国最大的综合性工业基地,工业总产值占中国近 1/4。2014 年,长三角城市群规模以上工业企业数 116780 个,同期增长 4.3%;规模以上工业总产值 265282 亿元,同期增长 9.8%;工业企业实现主营业务收入 278639.71 亿元。见表 1-9。

表 1-9　2014 年长三角城市群制造业发展情况

	上海	江苏省	浙江省	安徽省	合计
规模以上工业企业数（个）	9469	48708	40841	17762	116780
规模以上企业数增长率	−3.4％	−0.2％	3.2％	9.7％	4.3％
规模以上工业总产值（亿元）	33899.38	134648.91	62980.29	33756.82	265282
规模以上工业总产值增长率	2.15％	12.1％	6.52％	15.4％	9.8％
工业企业主营业务收入（亿元）	35473.82	141955.99	64371.53	36838.37	278639.71

资料来源：《上海统计年鉴 2015》《江苏统计年鉴 2015》《浙江统计年鉴 2015》《安徽统计年鉴 2015》。

（三）珠三角城市群

珠三角城市群以广州、深圳、香港为核心，包括珠海、惠州、东莞、肇庆、佛山、中山、江门、澳门等城市，占地面积 18.1 万平方公里，是世界第三大都市群。同时也是"十二五"规划中唯一国家批准的"世界级中心城市群"。图 1-6 所示为珠三角城市群区域位置图。

图 1-6　珠三角城市群区域位置图

改革开放以来，珠三角城市群经济取得飞速发展，现已成为我国最大的制造业基地之一，在产业发展上，珠三角城市群将主打高端服务业、科技智慧产业、临港先进制造业、海洋产业、旅游休闲健康产业等五大主导产业群。现以珠三角城市群中的大陆城市为例，2014 年，城市群规模以上工业企业数 31212 个，同比降低 1.5％；规模以上工业总产值 97830.61 亿元，同比增长 7.9％；规模以上工业增加值 22583.28 亿元；主营业务收入 94314.86 亿元，同比增长 7.2％。见表 1-10。

表 1-10 2014 年珠三角城市群制造业发展情况

地区	规模以上工业企业数(个)	企业数增长率	规模以上工业总产值(亿元)	规模以上工业增加值(亿元)	主营业务收入(亿元)
广州	4767	−0.91%	17997.97	4364.66	16892.43
深圳	6355	−2.6%	24777.59	6252.09	23985.79
珠海	1008	−4.4%	3702.26	881.04	4176.70
佛山	5883	−4.5%	18796.65	4138.71	17953.59
惠州	1815	6.6%	6901.35	1475.02	6720.44
肇庆	1083	−0.3	3863.5	924.53	3729.56
东莞	5377	−0.3%	12133.71	2490.84	11890.43
中山	2963	−0.3%	6032.09	1209.1	5651.33
江门	1961	−2.3%	3625.49	847.29	3314.61
合计	31212	−1.5%	97830.61	22583.28	94314.86

资料来源:《广东统计年鉴 2015》《深圳统计年鉴 2015》。

1.3 武汉城市圈制造业利用外资及对外贸易状况分析

1.3.1 武汉城市圈制造业利用外资状况分析

根据表 1-11 和图 1-7 分析可知,除武汉市外,其余各城市外资使用额基本处于稳定增长状态,但数额仍较武汉市相差甚远。武汉市 2011 年外资使用额较 2010 年下降 16.57%,2013 年较 2012 年下降 9.09%,其余年份处于上升状态,其中上涨幅度最大的是 2012 年,较 2011 年增长 61.78%。由于武汉市影响较大,导致武汉城市圈制造业总体利用外资情况与武汉市的波动相似。

表 1-11 2009—2014 年武汉城市圈外资使用额(万美元)

城市	2009 年	2010 年	2011 年	2012 年	2013 年	2014 年
武汉市	293501	329265	274700	444400	404000	485755
黄石市	34500	30000	32600	42276	49000	55000
鄂州市	10514	12400	11900	16450	16200	31061

续表 1-11

城市	2009 年	2010 年	2011 年	2012 年	2013 年	2014 年
孝感市	15688	17502	20044	23773	27500	21094
黄冈市	15379	13583	2308	3568	6749	8689
咸宁市	11235	15439	17100	21144	24674	5880
仙桃市	5778	5226	5972	6884	7981	8971
天门市	3437	2671	2603	4031	3331	3812
潜江市	2693	2893	3550	4118	4802	5390
总和	392725	428979	370777	566644	544237	625652

资料来源：2010—2015 年湖北统计年鉴。

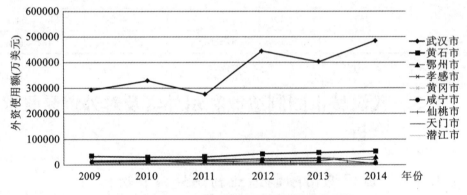

图 1-7　2009—2014 年武汉城市圈外资使用额

资料来源：2010—2015 年湖北统计年鉴。

1.3.2　武汉城市圈对外贸易状况分析

如表 1-12 所示，除 2012 年，武汉城市圈货物进出口总额均处于增长状态，其中增长幅度最大的为 2011 年，较 2010 年同期增长 29.02％。2012 年较 2011 年同期降低 7.36％，其中武汉市、黄石市、潜江市的降幅最为明显，其余城市仍保持增长趋势。

表 1-12　2010—2014 年武汉城市圈货物进出口总额（亿美元）

城市	2010 年	2011 年	2012 年	2013 年	2014 年
武汉市	180.55	227.90	203.54	217.52	264.29

城市	2010 年	2011 年	2012 年	2013 年	2014 年
黄石市	15.08	22.09	20.71	28.50	28.55
鄂州市	1.99	3.41	4.24	4.90	5.19
孝感市	3.69	5.07	7.80	10.25	11.96
黄冈市	2.64	3.43	4.29	5.36	6.12
咸宁市	1.88	2.94	2.97	3.36	4.6
仙桃市	2.87	3.30	4.55	6.64	—
天门市	0.51	0.45	0.53	0.67	—
潜江市	1.81	3.66	3.58	4.14	—
总和	211.02	272.26	252.21	281.38	—

资料来源:2011—2015 年湖北统计年鉴。

注:2015 年统计年鉴中只包含主要城市货物进出口总额数据,未见公开发布的仙桃市、天门市、潜江市相关数据。

1.4 武汉城市圈制造业科技发展状况分析

1.4.1 武汉城市圈制造业科技发展资源分析

武汉城市圈制造业科技资源丰富,但其主要依托于湖北省。武汉城市圈制造业科技资源在科技创新和促进武汉城市圈制造业发展中发挥着重要的作用,同时,对于打造制造产业基地、推动武汉城市圈经济发展也具有重要的意义。现围绕科技财力资源、人力资源、物力资源对武汉城市圈科技资源现状进行深入的分析,该分析以湖北省为例。

(一)工业企业科技研发财力投入分析

大中型工业企业 R&D 经费支出见表 1-13。

表 1-13 大中型工业企业 R&D 经费支出(万元)

	2010 年	2011 年	2012 年	2013 年	2014 年
R&D 经费	1193793	1331576	1978154	1892653	2172256

根据表 1-13 分析可知,2010—2014 年湖北大中型工业企业 R&D 经费投入强度从总体上呈现逐年递增的趋势。与全国工业企业 R&D 经费投入强度比较:2011 年全国规模以上工业企业 R&D 经费内部支出为 5993.81 亿元,主营业务收入为 841830 亿元,工业企业 R&D 经费投入强度为 0.71%;2012 年全国规模以上工业企业 R&D 经费内部支出为 7200.6 亿元,主营业务收入为 935142 亿元,工业企业 R&D 经费投入强度为 0.77%。

(二)科技研发人才资源分析

科技是第一生产力,科技的创新发展离不开人才的支持,所以要把人才资源开发放在科技创新最优先的位置,把人才的培训放在科技创新最重要的位置,无论什么时候都应该重视人才的培养。获取优秀的人才一般有两个途径:人才培养和人才引进。湖北省是全国排名靠前的教育大省,这为武汉城市圈的发展奠定了强有力的人才基础。

1. 科研人员

2014 年湖北研究与技术开发机构全年职工总数为 388430 人,其中,R&D 人员为 218094 人,比 2013 年增加 12922 人,同比增幅 6.3%;R&D 人员占职工总数比值 56.1%,比 2013 年增加 0.88%。R&D 人员折合全时工作量为 7983 人/年,比 2012 年增加 0.01%。分析近五年的数据,R&D 人员及 R&D 人员折合全时工作量逐年递增。由此可见,湖北省对于科研人员非常重视,随着社会发展对人才需求量的增加,社会科研机构也在加大对科研人员的积极培养。

2. 人才引进

近年来,湖北大力引进海外人才来鄂创新创业。目前,湖北有"千人计划""百人计划",市级引进人才工程包括"黄鹤英才计划"、东湖高新"3551 人才计划"、襄阳市"隆中人才支持计划"。湖北的高端人才聚集程度位居全国前列,形成了全省共同联动吸纳人才的景象。

(1)经济实力不断壮大

随着富士康、中芯国际、EDS 等世界 500 强企业的落户和生物产业基地的建设,东湖高新区逐步形成了光电子信息、生物技术、清洁技术、现代装备制造、研发及信息服务五大支柱产业竞相发展的格局。近年来,主要经济指标年均增幅保持在 25% 以上。2011 年,东湖高新区企业总收入达到 3810 亿元,同比增长 30.2%;完成规模以上工业总产值 2898 亿元,同比增长 27.2%;完成规模以上工业增加值 975 亿元,同比增长 26.1%;完成全口径财政收入 133.87 亿元,同比增长 37.1%。

(2)智力资源十分密集

东湖高新区是我国第二大科技资源密集高新区,素有"中国光谷"的美誉。区内聚集了 42 所高校,拥有中央和省属科研院所 56 家、33 个国家重点实验室和工程技术中心、37 个省级重点实验室和工程研究中心、8 个国家级企业技术中心,"两院"院士 55 名、在校大学生 100 余万人、各类专业技术人员近 30 万人。这些人才资源和科教优势是东湖高新区产业发展的重要支撑,更是众多创新创业人才选择东湖高新区的重要原因。

(3)人才基地加紧建设

2009 年 2 月,市委市政府作出在东湖高新区建设"人才特区"的重大决策,并启动和实施了"3551 人才计划"。截至 2012 年底,围绕光电子信息、生物、新能源、环保、消费电子五大产业引进和培养了 50 名左右掌握国际领先技术、引领产业发展的科技领军人才和 1000 名左右在新兴产业领域内从事科技创新、成果转化的高层次人才。目前,东湖高新区已初步建立了一支数量可观、专业相对齐全的创新型高层次人才队伍。

(三)科技物力资源分析

1. 科研资源

2014 年,全省共登记重大科技成果 1778 项。其中,基础理论成果 13 项,应用技术成果 1728 项,软科学成果 37 项。2014 年全年共签订技术合同 21969 项,技术合同成交金额 601.74 亿元,合同金额比 2013 年增长 43.7%。全省 R&D 经费支出 510 亿元,较 2013 年同比增长 15%。全年安排"973"计划项目 203 项,经费总计 2.02 亿元;安排"863"计划 100 项,经费总计 1.86 亿元。全省围绕智能制造装备、高技术服务业等高新技术产业,拓展项目覆盖范围,加大项目投放力度,共争取国家级高新技术产业项目 20 个,获取国家资助资金总计 4.48 亿元。

2. 高等院校

高等教育对科技进步、经济发展和文化繁荣具有重要的推动作用,要想促进武汉城市圈制造业发展,实现中部崛起和中华民族的伟大复兴,必须大力发展高等教育,建设高等教育强国。2010—2014 年湖北省高校数量和在校生数见表 1-14。

表 1-14　湖北省高校数量和在校生数(2010—2014 年)

	2010 年		2011 年		2012 年		2013 年		2014 年	
	学校数	在校生数	学校数	在校生数	学校数	在校生数	学校数	在校生数	学校数	在校生数
普通高校	120	1296920	122	1340298	122	1386086	123	1421434	123	1419699

资料来源:《湖北统计年鉴 2015》。

根据表 1-14 分析可知,2014 年,湖北普通高校在校生数量约为 141.97 万,2013 年约为 142.14 万。湖北拥有丰厚的人才资源以及完善的教育培养平台,为武汉城市圈高新技术产业发展提供了坚实的基础。

3. 湖北省专利发明

(1)2014 年专利申请情况

2014 年,湖北省专利申请量为 59050 件。其中,发明专利申请量 22536 件,实用新型专利申请量 27829 件,外观设计专利申请量 8685 件。2010—2014 年湖北省专利申请与有效量情况见表 1-15。

表 1-15　专利申请与有效量情况

	申请数			授予数		
	2010 年	2013 年	2014 年	2010 年	2013 年	2014 年
合计(件)	31311	50816	59050	17362	28760	28290
发明(件)	7410	18189	22536	2025	4052	4855
实用新型(件)	12792	26163	27829	10431	19655	19801
外观设计(件)	11109	6464	8685	4906	5053	3634

资料来源:2010—2015 年湖北统计年鉴。

(2)湖北省专利申请分布情况

2014 年,湖北省个人申请专利 17294 件,占全省专利申请量的 29.3%;大专院校申请专利 7972 件,占全省专利申请量的 13.5%;科研单位申请专利 1537 件,占全省专利申请量的 2.6%,如图 1-8 所示。

2010—2014 年湖北省专利授予比例-申请人比例状况如图 1-9 所示。

根据图 1-8、图 1-9 分析可知,湖北省专利发明申请从 2010 年至 2014 年一直呈现出上升的趋势,特别是企业申请专利数量逐年递增并且增幅非常明显。同时可看出企业的专利申请成功率一直较高,由此可以看出企业在专利申请方面具有至关重要的作用。

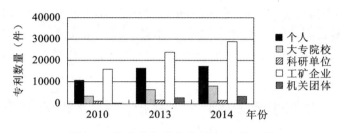

图 1-8　湖北省专利申请-申请人状况图

资料来源:《湖北统计年鉴 2015》。

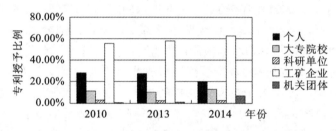

图 1-9　湖北省专利授予比例-申请人比例状况图

4. 科技企业孵化器

"十二五"时期是武汉市科技企业孵化器建设大发展、科技创业大推进、科技对经济社会发展贡献大提升的五年。在市、区科技部门和社会的共同努力下,武汉市已建成近百个科技企业孵化器(含大学科技园)及具有孵化功能的科技创业社区。武汉在国内首创了"科技创业社区—科技企业孵化器—科技企业加速器"的模式,这是市、区、街共建的三级孵化模式。截至 2014 年底,已通过市级组建和认定的孵化器有 63 个,其中新增国家级孵化器 6 个,新认定国家级大学科技园 2 个;武汉市国家级孵化器和大学科技园的数量共计 15 个,其中国家级孵化器的数量位居全国第三位。有 6 个科技企业孵化器成为首批国家级大学生科技创业见习基地。新建 35 个科技创业社区、1 个科技企业加速器,形成了梯级孵化的格局。武汉市现已形成了综合性和专业性孵化器相结合、以四大公共服务平台为支撑的"科技创业社区—科技企业孵化器—科技企业加速器"梯次孵化服务体系,开放、搞活、扶植、引导孵化器发展的政策法规体系,市、区、街结合,齐抓共管的孵化器管理体系,政府引导、社会参与的孵化器建设投资、融资、担保体系,孵化器建设与产业园建设相结合的科技创业企业成长体系。这些为武汉市科技企业孵化器的进一步发展夯实了基础。

科技企业孵化器在武汉市经济发展中发挥了重要作用,并能将科技资源迅速、高效地转变为社会生产力,已成为推动经济继续发展、调整产业结构的重要载体。建设科技企业孵化器,已成为武汉市进一步完善区域创新体系、发展高新技术产业、加快经济结构调整的迫切要求。科技企业孵化器为高新技术成果转化及科技型企业孵化提供了载体。

1.4.2 武汉城市圈制造业科技发展资源的特点

(一)科技发展资源过于集中,综合利用的效率低

湖北省拥有丰富的教育资源。2014 年,高校数量 123 所,高等院校在校生数量将近 142 万,工业企业 R&D 经费中外部支出所占比例为 25.48%。但教育资源主要集中于武汉市,武汉城市圈中其他城市科教资源远不及武汉市。

在工业企业、研究机构、高等学校经费支出和合作方面,武汉地区工业企业对境内研究机构的支出大于对境内高校的支出,反映出企业与研究机构合作的力度大于其与高校的合作力度。2014 年,高等院校申请发明专利 4199 件,占武汉市发明专利申请量的 35.4%,但是在工业企业 R&D 经费外部支出中高校比重较低。这说明武汉市丰富的教育资源没有得到更加合理和充分的利用。

(二)工业企业对外技术依存度下降幅度较大

对外技术依存度是指企业在技术引进经费支出占全部技术性经费(R&D 经费)支出的比重,是目前社会上常用的分析一个地区技术对所分析区域外依赖程度的评价指标。对外技术依存度高意味着严重依赖引进技术和设备,而国内的企业 R&D 活动缺乏、购买国内技术的支出有限是自主创新能力薄弱的直接反映。从这个意义上说,对外技术依存度也是评价企业自主创新能力的一个重要的反向指标。

表 1-16 湖北省大中型工业企业技术引进相关指标

	引进技术经费支出(亿元)	R&D 经费支出(亿元)	购买国内技术经费支出(亿元)	技术依存度
2010 年	19.04	119.37	2.16	15.95%
2011 年	8.11	133.15	2.67	6.09%
2012 年	15.33	197.81	3.8	7.75%
2013 年	12.13	189.27	7.26	6.41%
2014 年	12.85	217.23	5.35	5.92%

资料来源:《湖北统计年鉴 2015》。

根据表 1-16 分析可知,2010—2014 年期间,湖北省规模以上工业企业整体对外技术依存度有明显下降趋势,仅在 2011—2012 年期间出现小幅增长;同时,企业 R&D 投入量也在大幅增加,说明我省企业技术创新投入在大幅增加,对外技术依存度有很大的下降。

1.5 武汉城市圈制造业资源环境状况分析

1.5.1 武汉城市圈制造业生态环境分析

城市圈是随着经济的发展而形成的不同区域之间关系非常紧密与频繁作用的区域。虽然城市圈一般形成在经济环境比较发达的区域,但城市圈区域内不仅要有发达的经济环境,还要有人口和工农业活动,以及土地的高强度开发等,所以这无可避免地会对当地的生态环境系统造成破坏。

目前,武汉城市圈经济发展正处于经济转型时期,但是还未完全摆脱大量消耗资源的传统经济发展模式,城市化发展不仅会破坏自然环境和生态环境,还会加速污染城市环境。武汉城市圈城市群人口和城镇密度大,自然环境和生态环境压力沉重。除此之外,工业"三废"污染严重,水资源总量不少,但人均水资源缺乏。

1.5.2 武汉城市圈制造业经济环境分析

受到互联网快速发展的影响,制造业产品更新速度越来越快,产品的生命周期也越来越短。互联网融入制造业的运营模式,重塑了产业结构与生产销售模式,重新构建了企业与客户之间的关系。"互联网+制造业"促进了制造业经营模式的转型升级,促进了制造业资源的有效配置,为我国制造业的发展带来了新的机遇[2]。

(一)客户成为中心

在互联网的推动下,生产者和消费者原有的合作关系发生了改变。企业原有的利益主导权逐渐从供应商、生产商转到消费者的手中,从而改变了消费者消费模式,使得消费者由被动型消费转为主导型消费。互联网开放的平台,可以充分激发社会创新潜力,细分市场,有利于为小众消费者群打造个性化需求的产品。因此,在当前的环境下,制造业需要跟随经济市场形势,调整运营模式和经营战略,改变组织结构,借助互联网展开营销,运用大数据构建企业技术结构,细化市场,寻找有力的社会群体,打造个性化生产,为消费者打造符合其需求的产品。

(二)社会化模式利用人才

在大众创新万众创业的社会背景下,即使普通大众的微小创意也可以逐渐对互联网发展起到作用。现如今大量的智能互联产品在逐渐被社会和企业利用,这样就会影响产业发展。在互联网时代,制造企业需要通过构建互联网平台,根据企业的需求发布研发信息,集思广益。如小米、美的等企业,它们都分别构建了适合自己的互联网平台,方便用户及时反馈需求,同时方便企业在全球范围内征集产品创意和技术方案。

1.5.3　武汉制造业社会环境分析

武汉不仅地理位置独特优越,而且交通条件良好。武汉是我国中部区域的交通中心,各方向的主要铁路干线汇集于此,例如京广、京九铁路和京珠、沪蓉高速公路等国家干道纵横交织。除此之外,长江水道横贯中部,是承转东西、沟通南北的重要节点。

武汉城市圈区域产业发展历史悠久,是我国重要的工业发展区域。随着经济的发展,武汉城市圈现在处于工业化的发展中期阶段和城市化的快速发展时期。2014 年,武汉城市圈常住人口 3088.99 万,生产总值 17265.15 亿元,三次产业结构比例为 9.07∶49.03∶41.9。

武汉城市圈的制造业正在稳步发展,在制造业企业数量、产业增加值、外资利用、贸易往来及科技支持等各方面都有了全方位的进步,尤其是 2011 年以来,发展的速度较为平稳。但各城市的发展水平仍然存在一定的差距,尤其是武汉市的发展水平远远高于其他城市的发展水平,城市圈内部的资源流动与共享机制仍未建立。由于重工业历史悠久,武汉城市圈制造业的两型战略在转变过程中,在资源环境利用程度上仍需进一步改善。

参 考 文 献

[1] 张伟.都市圈的概念、特征及其规划探讨[J].城市规划,2003(6):47.

[2] 崔峰.上海市旅游经济与生态环境协调发展度研究[J].中国人口·资源与环境,2008,18(5):64-69.

武汉城市圈制造业总体结构分析

2.1 武汉城市圈制造业各行业的产值结构

2.1.1 湖北省制造业产值结构分析

(一)制造业工业总产值总体趋势分析

湖北省制造业随着引进外资和对外开放步伐的加快,以及自身产业结构的调整和优化,制造业工业总产值在稳步增加。通过对湖北省统计局数据的分析和计算得知,在 2009 年至 2014 年的 6 年期间,规模以上制造业工业企业总产值分别为 13667.93 亿元、19334.31 亿元、25422.41 亿元、30278.73 亿元、36221.96 亿元、40330.30 亿元(图 2-1),增长绝对值分别为 5666.38 亿元、6088.10 亿元、4856.32 亿元、5943.23 亿元、4108.34 亿元,保持相对平稳。但随着总产值的增加,增速有所放缓,由 2010 年的 41.46% 降到了 2014 年的 11.34%,如图 2-2 所示。

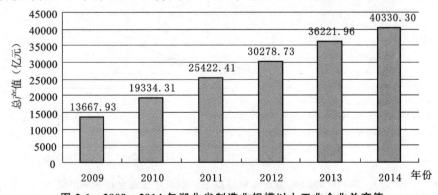

图 2-1 2009—2014 年湖北省制造业规模以上工业企业总产值

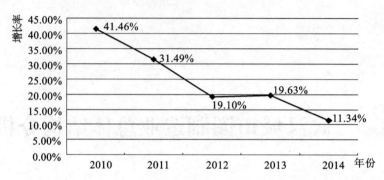

图 2-2　2010—2014 年湖北省制造业规模以上工业企业总产值增长率

受国家总体经济发展形势影响,近几年湖北省制造业规模以上工业企业总产值的增速有所放缓,但是仍保持了超过 10％的高增长率。

(二)制造业工业各行业总产值对比分析

2009—2014 年湖北省规模以上工业企业总产值见表 2-1。

表 2-1　2009—2014 规模以上工业企业总产值

年份	2009 年	2010 年	2011 年	2012 年	2013 年	2014 年
工业企业总产值(亿元)	15567.02	21623.12	28072.73	33450.66	39208.98	43393.87

资料来源:2010—2015 年湖北统计年鉴。

由图 2-3 得知,在规模以上企业中,制造业对工业总产值的贡献显著,并且占比呈逐渐上升的趋势,在 2014 年接近 93.00％,可以看出,制造业对推动湖北总体经济的发展起着至关重要的作用。

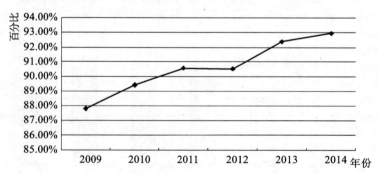

图 2-3　2009—2014 年湖北省规模以上企业制造业占全行业总产值比

(三)制造业各行业产值年度分析

2014年湖北省制造业各行业工业总产值的具体数据见表2-2。

表2-2　2014年湖北省制造业规模以上工业企业单位数和产销总值

项　目	企业单位数(个)	工业总产值(当年价格,亿元)	工业销售产值(当年价格,亿元)	出口交货值(当年价格,亿元)
农副食品加工业	1745	4582.01	4425.31	138.71
食品制造业	404	982.86	949.86	66.69
酒、饮料和精制茶制造业	436	1532.31	1480.60	7.57
烟草制品业	7	612.91	573.62	1.26
纺织业	1041	2210.95	2147.77	141.33
纺织服装、服饰业	549	911.38	882.26	123.86
皮革、毛皮、羽毛及其制品和制鞋业	161	184.01	180.02	59.90
木材加工和木、竹、藤、棕、草制品业	266	428.40	409.07	2.51
家具制造业	124	154.96	148.76	0.18
造纸和纸制品业	272	530.14	504.99	0.47
印刷和记录媒介复制业	221	336.03	317.34	2.11
文教、工美、体育和娱乐用品制造业	104	144.65	140.33	19.33
石油加工、炼焦和核燃料加工业	49	927.29	909.67	0.00
化学原料和化学制品制造业	1098	3923.94	3824.90	144.42
医药制造业	393	1010.37	956.59	95.03
化学纤维制造业	22	82.39	80.98	4.19
橡胶和塑料制品业	618	1119.89	1092.06	9.86
非金属矿物制品业	1920	3037.32	2953.68	29.04
黑色金属冶炼和压延加工业	353	2582.00	2549.18	74.85
有色金属冶炼和压延加工业	168	932.99	920.63	33.71
金属制品业	765	1464.43	1413.60	20.29
通用设备制造业	723	1367.06	1325.63	21.98
专用设备制造业	631	1091.97	1045.89	35.70
汽车制造业	1423	5414.38	5292.93	82.03
铁路、船舶、航空航天和其他运输设备制造业	166	646.56	616.19	62.11
电气机械和器材制造业	651	1786.12	1721.96	65.77
计算机、通信和其他电子设备制造业	308	1836.49	1655.53	203.54
仪器仪表制造业	123	160.06	152.47	4.85
其他制造业	87	168.30	158.63	3.50
废弃资源综合利用业	51	131.27	128.28	0.14
金属制品、机械和设备修理业	21	36.86	33.47	0.73

资料来源:《湖北统计年鉴2015》。

根据表 2-2 可知,制造业的各行业中,产值贡献最大的前三位依次是汽车制造业、农副食品加工业、化学原料和化学制品制造业,占全部制造业产值的比重分别为 13.43%、11.36%、9.73%。除此之外,非金属矿物制品业,黑色金属冶炼和压延加工业,纺织业,计算机、通信和其他电子设备制造业,电气机械和器材制造业,酒、饮料和精制茶制造业,金属制品业,通用设备制造业,橡胶和塑料制品业,专用设备制造业,医药制造业在 2014 年的工业总产值均超过了 1000 亿元。

(四)制造业重点产业工业总产值增长分析

2009—2014 年,在制造业所有行业中,工业总产值排名第一的行业同往年一样,仍是汽车制造业。排名第二、三、四、五的行业是农副食品加工业、化学原料和化学制品制造业、非金属矿物制品业、黑色金属冶炼和压延加工业。其中,黑色金属冶炼和压延加工业的工业总产值连续萎缩,排名倒退,而其他四个行业则保持了总产值稳步增长的趋势。

表 2-3 涵盖了 2014 年产值过千亿元的 14 个重点产业。根据表 2-3 可知,除黑色金属冶炼和压延加工业外,在 2010—2014 年期间其他产业都保持了较大的增长率,重点产业大部分增长超过 20%。

龙头行业汽车制造业在经历了 2012 年的低增长后,在 2013 年产值增幅大幅提升,增长率达到 21.53%,2014 年保持了 8.11% 的增长率。随着小排量汽车购置税减半等刺激汽车消费政策的出台,湖北省汽车产业近几年总体保持了较快的增长速度。同时,汽车企业的技术在升级,企业不断调整产品种类和推出新产品,并加大了市场推广力度,这些都是汽车需求量不断稳步增大的原因。

全省农副食品加工业在 2014 年完成产值 4582.01 亿元,较 2013 年增长率也达到 14.03%,并且前几年一直保持超过 20% 的高增长率,2014 年产值约为 2010 年的 3 倍,这使得该产业从 2010 年在制造业中产值排名第四上升为 2014 年仅次于汽车制造业的第二重要产业。近几年,全省农副食品加工业持续发展良好,主要经济指标均好于全省工业的平均水平。

黑色金属冶炼和压延加工业则在超过 30% 的高增长率后,在近两年呈现倒退趋势,从 2010 年的产值排名第二下滑到 2014 年的第五位。

表2-3　2010—2014年湖北省制造业规模以上企业重点产业总产值

	2014年			2013年			2012年			2011年			2010年		
	产值（亿元）	排序	增长率	产值（亿元）	排序	增长率	产值（亿元）	排序	增长率	产值（亿元）	排序	增长率	产值（亿元）	排序	增长率
汽车制造业	5414.38	1	8.11%	5008.32	1	21.53%	4120.92	1	1.26%	4069.73	1	5.64%	3852.29	1	47.63%
农副食品加工业	4582.01	2	14.03%	4018.14	2	21.80%	3298.99	2	40.41%	2349.59	3	52.92%	1536.50	4	41.40%
化学原料和化学制品制造业	3923.94	3	6.71%	3362.24	3	19.13%	2822.24	4	25.83%	2242.94	4	40.11%	1600.80	3	36.79%
非金属矿物制品业	3037.32	4	17.50%	2584.87	5	30.25%	1984.59	5	30.85%	1516.70	5	39.16%	1089.92	5	39.46%
黑色金属冶炼和压延加工业	2582.00	5	-16.14%	3079.07	4	-1.65%	3130.57	3	-5.18%	3301.63	2	35.15%	2442.92	2	42.80%
纺织业	2210.95	6	13.46%	1948.70	6	16.48%	1672.93	6	29.16%	1295.27	6	36.87%	946.33	6	35.55%
计算机、通信和其他电子设备制造业	1836.49	7	25.76%	1460.27	8	24.81%	1169.96	8	13.15%	1033.95	7	67.03%	619.01	9	-0.49%
电气机械和器材制造业	1786.12	8	8.04%	1653.16	7	28.73%	1284.19	7	35.00%	951.23	8	18.67%	801.59	7	53.86%
酒、饮料和精制茶制造业	1532.31	9	15.99%	1321.02	9	23.89%	1066.30	9	28.75%	828.19	9	45.88%	567.72	12	46.07%
金属制品业	1464.43	10	17.70%	1244.25	10	21.36%	1025.27	10	34.50%	762.31	11	41.34%	539.33	13	47.19%
通用设备制造业	1367.06	11	15.27%	1185.99	11	17.12%	1012.63	11	57.14%	644.41	13	-19.23%	797.81	8	41.33%
橡胶和塑料制品业	1119.89	12	17.99%	949.15	13	28.00%	741.52	13	34.38%	551.82	15	22.51%	450.43	19	41.55%
专用设备制造业	1091.97	13	19.48%	913.92	14	38.25%	661.05	18	27.72%	517.59	18	44.82%	357.39	18	41.17%
医药制造业	1010.37	14	17.17%	862.16	17	19.55%	721.30	15	29.99%	554.91	14	34.55%	412.42	14	31.25%

注：2009—2010年第一项产业为汽车制造业和铁路、船舶、航空航天设备制造业等所有交通运输设备制造业数据。

资料来源：2010—2015年湖北统计年鉴。

另外,相比于其他行业,非金属矿物制品业一直保持较高的增长率,2014年排名升至第四位,纺织业则稳居第六,同样保持着高增长率。电气机械和器材制造业在2014年的产值约为2010年的3倍。计算机、通信和其他电子设备制造业则呈现加速增长的趋势。酒、饮料和精制茶制造业,金属制品业,通用设备制造业,医药制造业等重点产业也都实现了超过10%的高增长率。

2.1.2 武汉城市圈产值区域结构分析

由表2-4可知,武汉城市圈工业总产值在2010—2014年间在整体上和区域上都体现了快速增长趋势,制造业对于推动武汉城市圈经济的发展起到非常重要的作用。

表2-4 2010—2014年武汉城市圈工业总产值及增长率

城市	2014年		2013年		2012年		2011年		2010年	
	产值(亿元)	增长率(%)	产值(亿元)	增长率(%)	产值(亿元)	增长率(%)	产值(亿元)	增长率(%)	产值(亿元)	增长率(%)
武汉市	3942.75	26.64	3113.30	−2.82	3203.66	18.26	2709.02	30.25	2079.82	—
黄石市	648.45	12.54	576.20	−0.98	581.91	11.40	522.36	44.39	361.76	—
鄂州市	370.19	2.55	361.00	16.37	310.23	15.10	269.54	26.51	213.05	—
孝感市	583.73	−2.63	599.48	26.24	474.87	16.19	408.69	29.14	316.47	—
黄冈市	454.02	9.76	413.65	10.43	374.57	15.61	324.00	23.45	262.46	—
咸宁市	427.66	−0.58	430.17	28.23	335.47	17.38	285.81	32.49	215.73	—
仙桃市	272.38	6.80	255.03	18.17	215.82	19.32	180.88	42.03	127.35	—
潜江市	285.96	9.76	260.54	10.82	235.10	18.08	199.10	45.64	136.71	—
天门市	190.23	13.73	167.27	11.61	149.87	19.74	125.16	38.53	90.35	—
合计	7175.37	16.17	6176.64	5.02	5881.50	17.06	5024.56	32.10	3803.7	—

资料来源:根据2010—2015年湖北统计年鉴数据整理得到。

根据表2-4可知,总体上,武汉城市圈的工业总产值每年呈总体上涨趋势,但由于各城市的地缘因素和发展侧重点有所不同,不同地区呈现出不同的增长态势。武汉市的工业总产值每年均超过城市圈的一半,天门市、仙桃市、潜江市工业总产值不高。

(一)武汉市

2014年①,武汉市全部工业增加值比2013年增长7.0%。规模以上工业增加值增长8.3%。在规模以上工业中,分经济类型看,国有及国有控股企业增长4.9%;集体企业增长1.7%,股份制企业增长9.7%,外商及港澳台商投资企业增长6.3%;私营企业增长10.2%。分门类看,采矿业增长4.5%,制造业增长9.4%,电力、热力、燃气及水生产和供应业增长3.2%。2014年全年规模以上工业中,农副食品加工业增加值比2013年增长7.7%,纺织业增长6.7%,通用设备制造业增长9.1%,专用设备制造业增长6.9%,汽车制造业增长11.8%,计算机、通信和其他电子设备制造业增长12.2%,电气机械和器材制造业增长9.4%。六大高耗能行业增加值比2013年增长7.5%。其中,非金属矿物制品业增长9.3%,化学原料和化学制品制造业增长10.3%,有色金属冶炼和压延加工业增长12.4%,黑色金属冶炼和压延加工业增长6.2%,电力、热力生产和供应业增长2.2%,石油加工、炼焦和核燃料加工业增长5.4%。高技术制造业增加值比2013年增长12.3%,占规模以上工业增加值的比重为10.6%。装备制造业增加值增长10.5%,占规模以上工业增加值的比重为30.4%。汽车制造业作为武汉市制造业产值增长最重要的推动力量,也是湖北省制造业产业发展的支柱。武汉是中部地区汽车制造综合实力最强的城市。地处武汉经济技术开发区的神龙公司、东风本田汽车有限公司、东风汽车有限公司、东风电动车辆有限公司四个整车生产企业,在2014年继续扩大生产规模,在产业链的发展中始终发挥领头作用,并充分发挥了行业集群效应,带领汽车零部件工业及其他相关产业同步发展。

(二)黄石市

2014年,黄石市规模以上工业完成产值2152.1亿元,增长6.3%,产值总量同比净增137亿元。规模以上工业增加值增长9%,增速基本平稳。全市规模以上工业完成销售产值2096.2亿元,增长6.2%,低于产值增幅0.1个百分点。工业品销售率97.4%,同比持平。全市新增规模以上企业131家,全市规模以上企业突破700家,达到707家,比2013年净增74家。全市产值过亿元企业达到281家,其中产值过百亿元企业3家。产值过百亿元的产业达到6个(有色金

---

① 以下各城市数据来源于湖北省统计局及各城市统计局网站。

属 476.69 亿元、黑色金属 445.8 亿元、机械制造 212.48 亿元、建材 185.58 亿元、食品饮料 126.4 亿元、化工医药 119.4 亿元),有色金属、建材分别接近 500 亿元、200 亿元,机械制造跃上 200 亿元新台阶,食品饮料、化工医药分别突破和接近 120 亿元,高端装备制造业集群入选省级重点,全市省级重点产业集群达到 6 个。

(三)鄂州市

2014 年,鄂州市工业生产保持稳定增长。全市规模以上工业企业达到 492 家,比 2013 年净增 5 家,增长 1.03%。全年规模以上工业完成增加值 373.15 亿元,比 2013 年增长 11.3%。轻工业增加值增长 17.14%,重工业增加值增长 9.63%。其中,铁矿石原矿产量增长 18.88%,生铁产量增长 8.95%,钢材产量增长 15.41%,粗钢产量增长 14.11%,服装产量增长 23.42%。工业内部结构得到改善。

(四)孝感市

2014 年,孝感市工业生产平稳增长。全市 1148 家规模以上工业企业实现增加值 681.12 亿元,比 2013 年增长 11.0%。其中,制造业增长 12.4%,仍高于工业平均水平。轻工业增长 13.6%,重工业增长 8.1%。全市汽车机电、盐磷化工、纺织服装、食品医药、金属制品等五大重点产业实现增加值 410.32 亿元,增长 12.3%。

(五)黄冈市

2014 年,黄冈市规模以上工业企业 1297 家,比 2013 年增加 163 家,实现工业增加值 495 亿元,比 2013 年增长 10.5%。轻工业增加值 211.2 亿元,增长 17.4%;重工业增加值 283.8 亿元,增长 11.5%。2013 年和 2014 年,该市工业企业经济效益稳中向好。

(六)咸宁市

2014 年,咸宁市全部工业增加值 427.66 亿元,按可比价计算,比 2013 年增长 10.1%。规模以上工业增加值增长 10.5%。在规模以上工业中,采掘业增长 28.5%,制造业增长 9.5%,电力、燃气及水的生产和供应业增长 8.2%。2014 年末,规模以上工业企业新增 81 家,达到 861 家。新增高新企业 21 家,总数达到 61 家,其中国家级高新技术企业 7 家。2014 年全年全部高新技术产业增加值完成 63.93 亿元,比 2013 年增长 11.5%。全年高新技术制造业完成工业增加值 26.43 亿元,占规模以上工业增加值比例达到 5.3%;比 2013 年增长 15.4%。其中,计算机通信设备制造业、专用设备制造业、通用设备制造业、汽车制造业等行业分别增长 59.3%、31.7%、24.2% 和 20.0%。2014 年全年规模以上工业实现主营业务收入 1579.2 亿元,比 2013 年增长 6.6%;实现利润总额 104.9 亿元,下降 12.2%。

(七)仙桃市

2014 年,仙桃市工业生产有了进一步的发展。全市规模以上工业完成总产值 1107 亿元,比 2013 年增长 13.1%,完成销售产值 1075 亿元,比 2013 年增长 12.9%。规模以上工业实现增加值增长 11%。五大主导产业继续保持增长态势,完成工业总产值 794 亿元,同比增长 12%,占全市工业比重 71.7%。仙桃市的食品和无纺布两大产业成为拉动该地区总产值的特色产业。其中,近两年来,仙桃市的食品产业项目落户与项目扩规齐头并进,呈现出品牌集聚、快速扩张的强劲势头,并被授予"中国食品产业名城"称号。2013 年食品工业产值占全市工业产值比重为 20.1%。而无纺布产业通过持续大力度扩规改造、延伸链条、创新产品正在发生质的提升,产业提档升级步伐加快,高端制品占比达 60% 以上。仙桃被授予"中国非织造产业名城"称号,2013 年无纺布卫材产业实现产值占全市工业产值比重为 23.9%。

(八)潜江市

2012 年,潜江市规模以上工业企业 208 家,实现工业总产值 843.61 亿元,比 2013 年增长 24.7%,其中,江汉油田 201.77 亿元,比 2013 年增长 10.5%。完成工业增加值 248.78 亿元,比 2013 年增长 16.7%,其中,江汉油田 84.37 亿元,比 2013 年增长 4.2%。轻工业增加值 82.87 亿元,比 2013 年增长 27.9%,重工业增加值 165.91 亿元,比 2013 年增长 11.9%。工业产销衔接较好,经济效益稳步回升。全市规模以上工业主营业务收入 830.46 亿元,比 2013 年增长 21.0%,产品销售率 96.2%,比 2013 年高 1 个百分点。2014 年,潜江市规模以上工业总产值突破千亿元,实现利润 27.5 亿元,增长 67.1%。轻工业总产值增速快于重工业 10.5 个百分点,新兴产业总产值增速比传统产业大 3 个百分点,高新技术产业增加值增速比全市工业大 4.3 个百分点。新增高新技术企业 7 家、高新技术产品 11 个。

(九)天门市

2012 年,天门市工业克服人力及原材料成本上升、市场波动等困难,工业经济总量继续壮大,综合效益有所提升。据统计,全年规模以上企业累计实现工业增加值 150.94 亿元,按可比价同比增长 17.5％。完成工业总产值达到 549.25 亿元,同比增长 26.3％,其中轻工业同比增长 30.5％,重工业同比增长 20.7％。规模以上企业年末资产合计 416.1 亿元,同比增长 49.7％,总负债 200.67 亿元,同比增长 43.1％,共完成主营业务收入 541.9 亿元,同比增长 28.1％。2014年,全市工业增加值 188 亿元,同比增长 10.7％。

2.2　武汉城市圈制造业各行业的就业结构

2.2.1　湖北省制造业就业情况总体分析

(一)制造业就业情况总体分析

根据表 2-5,2009—2014 年制造业就业人数呈逐年增长趋势,2014 年达到 3368341 人。从相对于全行业就业人数的比例来看,制造业占比稳定在 30％以上。2009—2014 年该比例分别为 30.85％、33.12％、34.65％、33.09％、33.23％、32.94％。在国有经济单位中,从 2010 年到 2014 年制造业从业人员逐渐减少,到 2014 年只占到了全部制造业从业人员的 5.61％,城镇集体单位更少,只占 0.70％,而其他经济单位和城镇私营单位是制造业从业人员聚集的经济单位。

其他数据分析如图 2-4、图 2-5 和表 2-6 所示。

表 2-5　2009—2014 年湖北省制造业各部门从业人数和占所有行业人数百分比

	城镇全部单位人数(人)	占全行业百分比	国有经济单位人数(人)	占全行业百分比	城镇集体单位人数(人)	占全行业百分比	其他经济单位人数(人)	占全行业百分比	城镇私营单位人数(人)	占全行业百分比
2009 年	2109815	30.85％	291926	9.96％	47067	20.87％	895310	47.55％	875512	48.64％
2010 年	2361813	33.12％	306049	10.61％	44323	20.13％	1098382	50.25％	913059	49.57％
2011 年	2814381	34.65％	300486	10.28％	33694	18.53％	1347989	48.92％	1132212	50.05％
2012 年	2859357	33.09％	248047	8.31％	36944	18.72％	1320908	47.24％	1253458	47.10％
2013 年	3299733	33.23％	204305	7.61％	21303	13.97％	1682987	40.78％	1391138	46.94％
2014 年	3368341	32.94％	189085	7.03％	23453	15.77％	1720772	40.69％	1435031	45.46％

资料来源:《湖北统计年鉴》。

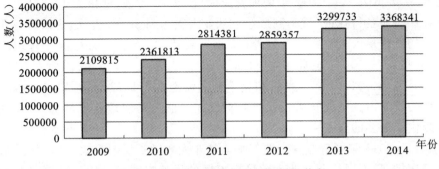

图 2-4　湖北省制造业城镇单位从业人数

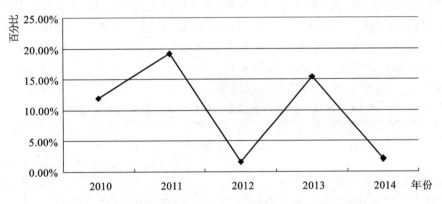

图 2-5　湖北省制造业城镇全部单位从业人数年增长百分比

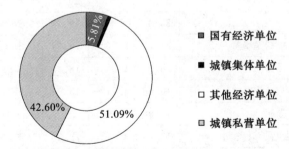

图 2-6　2014 年制造业各类单位从业人数占所有制造业从业人数百分比

(二)制造业各行业就业结构

根据湖北省统计局数据,2013 年湖北省工业制造业全部从业人员年平均人数为 315.98 万人①,较 2012 年增加就业人口 35.74 万人,增幅为 12.75%。

在制造业各行业中,汽车制造业中从业人数达到 39.39 万人,占所有行业从业人数的比重最大,为 12%。另外,从业人数超过 20 万人的行业还有纺织业(29.03 万人,9%)、非金属矿物制品业(24.72 万人,8%)、农副食品加工业(23.45万人,8%)以及化学原料和化学制品制造业(21.72 万人,7%)。汽车制造业作为武汉市及湖北省第一大产业不仅在产值上对制造业贡献最大,在就业上也提供了最多的岗位。

2011—2013 年制造业各行业年平均从业人数增长情况见表 2-6。按照从业人数降序排列,不同行业从业人数呈现不同的增长态势。其中汽车制造业就业人数保持着较高的增长率,而纺织业的就业人数增长速度减缓,非金属矿物制品业和农副食品加工业从业人数也保持着高增长率。而另一重点产业黑色金属冶炼和压延加工业从业人数却在近几年维持低增长甚至萎缩,这也是该行业工业总产值在所有制造业中排名逐渐倒退的一个原因。另一个需要注意的行业是烟草制造业,近几年从业人数持续大幅减少。

表 2-6　2011—2013 年制造业各行业年均从业人数增长情况

行业	2013 年		2012 年		2011 年	
	人数(万人)	增长率	人数(万人)	增长率	人数(万人)	增长率
汽车制造业	39.39	17.69%	33.47	8.32%	30.9	—
纺织业	29.03	3.16%	28.14	11.09%	25.33	—
非金属矿物制品业	24.72	18.16%	20.92	20.65%	17.34	—
农副食品加工业	23.45	18.91%	19.72	20.98%	16.3	—
化学原料和化学制品制造业	21.72	8.76%	19.97	10.15%	18.13	—
黑色金属冶炼和压延加工业	18.84	1.89%	18.49	−5.08%	19.48	—
纺织服装、服饰业	16.66	4.71%	15.91	13.16%	14.06	—
电气机械和器材制造业	14.98	19.84%	12.5	17.59%	10.63	—
计算机、通信和其他电子设备制造业	13.76	3.61%	13.28	7.79%	12.32	—
通用设备制造业	11.59	11.02%	10.44	13.48%	9.2	—

①　因 2015 年统计年鉴中并没有对制造业从业人员年平均人数更新,故此处采用 2014 年统计年鉴的数据进行分析。

行业	2013 年		2012 年		2011 年	
	人数（万人）	增长率	人数（万人）	增长率	人数（万人）	增长率
金属制品业	11.48	12.66%	10.19	13.60%	8.97	—
酒、饮料和精制茶制造业	10.85	20.29%	9.02	19.47%	7.55	—
医药制造业	10.47	14.80%	9.12	28.09%	7.12	—
专用设备制造业	10.04	36.60%	7.35	15.20%	6.38	—
橡胶和塑料制品业	9.96	17.73%	8.46	16.53%	7.26	—
食品制造业	9.5	17.00%	8.12	9.58%	7.41	—
铁路、船舶、航空航天和其他运输设备制造业	6.94	2.21%	6.79	4.95%	6.47	—
有色金属冶炼和压延加工业	5.11	4.50%	4.89	5.39%	4.64	—
造纸和纸制品业	4.67	9.88%	4.25	5.72%	4.02	—
木材加工和木、竹、藤、棕、草制品业	3.84	14.29%	3.36	18.73%	2.83	—
皮革、毛皮、羽毛及其制品和制鞋业	3.42	10.32%	3.1	20.16%	2.58	—
印刷和记录媒介复制业	3.04	31.60%	2.31	4.05%	2.22	—
仪器仪表制造业	2.34	15.84%	2.02	14.77%	1.76	—
其他制造业	2.18	35.40%	1.61	15.83%	1.39	—
文教、工美、体育和娱乐用品制造业	1.97	64.17%	1.2	20.00%	1	—
家具制造业	1.58	33.90%	1.18	37.21%	0.86	—
石油加工、炼焦和核燃料加工业	1.18	−0.84%	1.19	4.39%	1.14	—
金属制品、机械和设备修理业	0.92	16.46%	0.79	−23.30%	1.03	—
化学纤维制造业	0.85	−4.49%	0.89	9.88%	0.81	—
烟草制品业	0.81	−14.74%	0.95	−29.10%	1.34	—
废弃资源综合利用业	0.69	13.11%	0.61	12.96%	0.54	—

资料来源：2012—2014 年湖北统计年鉴。

（三）湖北省制造业在岗职工收入情况分析

从湖北省各行业在岗职工的平均工资来看，2013 年湖北省制造业年平均工资约为 39237 元，低于城镇全部单位的年平均工资 43217 元。表 2-7 显示了

2014 年湖北省各行业的平均工资,可以看到制造业的从业人员平均工资处于中下水平,以城镇全部单位的平均工资计算,制造业在 19 个行业中排名第十三位。

表 2-7　2014 年湖北省各行业在岗职工年平均工资(元)

行业	城镇全部单位	国有经济	城镇集体	其他经济	城镇私营
农、林、牧、渔业	26209	28176	24412	24479	21156
采矿业	39797	51602	47840	50491	32087
制造业	39237	62020	34159	45765	28670
电力、燃气及水的生产和供应业	62874	80195	38621	57587	27271
建筑业	41754	43014	31144	48604	31038
批发和零售业	33148	53344	28740	40867	24519
交通运输、仓储和邮政业	49674	62855	26406	46832	25780
住宿和餐饮业	28678	32737	35085	33351	25514
信息传输、软件和信息技术服务业	58560	45647	26537	69239	34907
金融业	83665	86504	64143	87155	39530
房地产业	42961	42777	36523	48287	35980
租赁和商务服务业	35893	36003	40571	48586	24758
科学研究、技术服务业	65760	56973	34530	89897	30885
水利、环境和公共设施管理业	36385	37719	35295	38106	23698
居民服务、修理和其他服务业	28729	43798	43313	36195	25190
教育	50440	52781	41120	42501	28686
卫生和社会工作	55671	57016	48993	50686	27215
文化、体育和娱乐业	43954	51598	43446	61266	24795
公共管理、社会保障和社会组织	51100	52520	24141	41230	—
总计	43217	55071	37599	48163	28534

　　资料来源:《湖北统计年鉴 2015》。

　　注:上表中公共管理、社会保障和社会组织行业的其他经济形式的平均工资数据较 2013 年变化过大,而城镇私营形式的年平均工资数据在统计年鉴中缺失,故暂不对其进行分析。

　　2009—2014 年湖北省城镇全部单位制造业和所有行业平均工资如图 2-7

所示。在 2009—2014 年,制造业平均工资比所有行业平均工资分别低13.16%、11.13%、8.57%、8.15%、7.67%、9.21%。整体而言,制造业仍属于中低收入行业。近年来,这个差距在 2013 年之前在拉近,但 2014 年又有扩大趋势。总体来看,制造业从业人员收入水平仍是普遍低于全部行业平均水平。

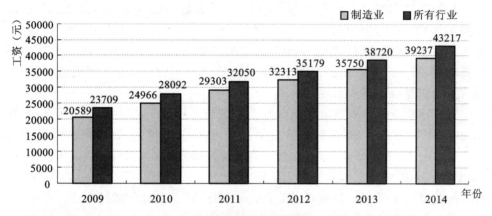

图 2-7 2009—2014 年湖北省城镇全部单位制造业和所有行业平均工资

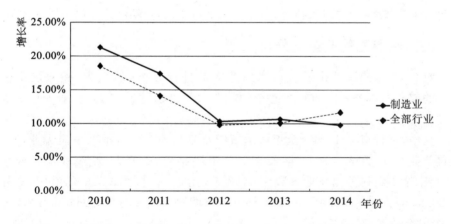

图 2-8 2010—2014 年湖北省城镇全部单位制造业和所有行业平均工资增长率

根据图 2-8 分析可知,制造业和全部行业 2010—2014 年的人均工资增长率均呈现下跌趋势,近几年基本维持在 10% 左右。在 2014 年,制造业的人均工资增长率持续下跌,而全行业的工资增长率却超过了制造业,并呈加速增长态势。

2.2.2　武汉城市圈地区就业情况分析

（一）武汉市就业结构分析

根据武汉市统计局资料显示,2014 年,全市新增就业 18.64 万人,比 2013 年增加 1.01 万人,增加 5.7%。全市发展速度高于全国平均水平,经济的增长带来了更多的就业机会,形成了较强的吸引外来劳动力的能力。从三次产业用工需求看,第一产业占总需求的 1.1%,第二产业占 35.1%,第三产业占 63.8%,第三产业仍是吸纳就业的主体。

武汉市职业供求报告显示,在 20 个国民经济行业中,2014 年制造业用工需求占 28.4%,占比由 2013 年的第三位上升到第一位,比第二位的住宿、餐饮业高 8 个百分点,近年来首次超过餐饮、贸易等传统服务业。2015 年 2 月,全市首场招聘会上,通用汽车、东风汽车、联想、富士康、天马微电子等"新武汉造"企业,发布职位成百上千个。制造业用工需求占全市用工量的比例超过六成。近年来,武汉市在东湖新技术开发区、武汉经济技术开发区、东西湖区、江夏区、黄陂区等地新建工业园,联想、通用、周大福、神龙三厂等企业相继入驻,这些大型制造业企业在武汉生产基地纷纷投产、扩产,用工需求大量增加,拉动制造业用工需求大增。

（二）城市圈就业结构分析

对 2013 年武汉城市圈各城市就业人数进行分析[1]后发现,除武汉市占有 30% 的就业人口外,黄冈市、孝感市的就业人数也超过了 10%,就业人口最少的是潜江市(图 2-9)。

其中,黄石市 2011 年[2]全年城镇新增就业 6.56 万人,帮助下岗失业人员实现再就业 2.55 万人。2011 年末全市城镇就业 79.8 万人,城镇登记失业率为 4.02%。全年农村外出从业人数为 44.8 万,比 2010 年增加 5.6%,其中,省外打工 28.84 万人,增加 2.0%。2011 年黄石市城镇居民人均可支配收入 17003 元,比 2010 年增长 15.9%。

鄂州市 2013 年全年城镇新增就业 2.67 万人,比 2012 年末增加 0.8 万人,增加 42.78%。截至 2013 年 12 月末,全市城镇登记失业率为 3.72%,较 2012

---

①　因 2015 统计年鉴中未有 2014 年的最新数据,故用 2013 年数据分析。
②　以下各城市数据是从湖北省统计局网站获取的最近一年数据。

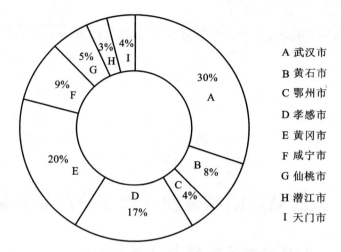

A 武汉市

B 黄石市

C 鄂州市

D 孝感市

E 黄冈市

F 咸宁市

G 仙桃市

H 潜江市

I 天门市

图 2-9 2013 年武汉城市圈各城市就业人数占比

年末提高 0.4 个百分点。全市居民人均可支配收入 18774 元,比 2012 年增长 10.12%。按常住地分,城镇常住居民人均可支配收入 22763 元,比 2012 年增加 9.37%;农村常住居民人均可支配收入 12692 元,比 2012 年增加 12.23%。

孝感市 2013 年全年城镇新增就业 6.3 万人,并且城乡居民收入进一步增加。全市城镇常住居民人均可支配收入 23491 元,比 2012 年增加 9.6%;农村常住居民人均可支配收入 11597 元,增加 11.9%。

黄冈市 2013 年全年城镇新增就业 8.1 万人,培训劳动力 4.2 万人次,城镇失业人员再就业 2.93 万人,就业困难人员中有 1.25 万人实现了就业,组织农村劳动力转移就业 6.96 万人。全年全体居民人均可支配收入 13574 元,增加了 10.82%;城镇常住居民人均可支配收入 20729 元,增加了 9.96%;农村常住居民人均可支配收入 9388 元,增加了 11.96%。

咸宁市 2013 年全年城镇登记失业率为 2.88%,比 2012 年下降 0.78 个百分点;城镇新增就业人数为 4.73 万,增加了 1.7%。城乡居民收入持续增加。全年城镇居民人均可支配收入 18581 元,增加了 9.9%。全年农村居民人均纯收入 8480 元,增加了 13.0%。城乡居民收入差距进一步缩小。城乡居民收入比为 2.19,比 2012 年同期低 0.02。

仙桃市 2013 年全年城镇新增就业 20457 人,城镇失业人员再就业 4215 人。城镇登记失业率为 2.01%,比 2012 年末下降 0.5 个百分点。城镇居民人均可支配收入 22503 元,比 2012 年增加了 10.2%;农村居民人均纯收入 13193 元,增加了 11.7%。

潜江市 2012 年全年新增城镇就业岗位 10076 个,年末失业人数为 5572,失业率为 3.23%,比 2011 年末下降 0.4 个百分点。城乡居民收入增长较快。城镇居民人均可支配收入 17451 元,比 2011 年增长 12.2%;农村居民人均纯收入 8785 元,比 2011 年增长 14.3%。

天门市 2012 年城镇居民人均可支配收入 15685.1 元,同比增长 12.96%,农村居民人均纯收入 8506.8 元,同比增长 14.85%。城镇、农村人均消费性支出分别达到 11860.8 元和 4923.9 元,分别同比增长 21.9% 和 5.7%。

2.3 武汉城市圈制造业各行业的产品贸易结构

2.3.1 武汉城市圈对外贸易发展现状

(一)外贸进出口规模分析

武汉城市圈对外贸易发展迅速,进出口贸易额在全省占有很重要的份额,省对外进出口总额从 1990 年至 2013 年几乎是逐年增加(个别年份除外),见 2-8。全省进出口总金额从 1990 年的 121342 万美元增长到 2014 年的 4306401 万美元。2010 年武汉城市圈共实现外贸进出口总额 2110056 万美元(由表 2-9 可知),占全省外贸进出口总额的 81.5%。其中,外贸出口总额为 1063104 万美元,比 2009 年增长 37.1%,占全省外贸出口总额的 73.6%;进口总额为 1046952 万美元,比 2013 年增长 31.5%,占全省外贸进口总额的91.3%。武汉城市圈的贸易顺差达 16152 万美元,占湖北省贸易顺差的比率为 5.4%。2010 年武汉市外贸进出口总额 1805400 万美元,比 2009 年增长57.6%,在城市圈贸易进出口总额中所占比重为 85.6%。其中,出口总额为 875400 万美元,进口总额为 930000 万美元,占比分别为 82.3% 和 88.8%。

表 2-8 湖北省对外贸易进出口总额

年份	进口总额(万美元)	出口总额(万美元)	合计总额(万美元)
1990 年	26852	94490	121342
1991 年	39185	113003	152188
1992 年	58696	115837	174533

年份	进口总额（万美元）	出口总额（万美元）	合计总额（万美元）
1993 年	100170	122743	222912
1994 年	103035	171845	274880
1995 年	142484	198435	340920
1996 年	133684	152603	286287
1997 年	128583	192084	320668
1998 年	112478	170711	283189
1999 年	116729	151378	268107
2000 年	127369	192880	320249
2001 年	178041	179679	357720
2002 年	185488	209826	395314
2003 年	245393	265537	510930
2004 年	338361	338219	676581
2005 年	462607	442868	905475
2006 年	550157	626063	1176219
2007 年	669593	820054	1489647
2008 年	899676	1170891	2070567
2009 年	727222	997880	1725102
2010 年	1149031	1444180	2593211
2011 年	1405233	1953460	3358693
2012 年	1256525	1939884	3196409
2013 年	1355160	2283768	3638928
2014 年	1641821	2664580	4306401

资料来源:《湖北统计年鉴 2015》。

表 2-9　2010 年武汉城市圈外贸进出口情况

	进口总额（万美元）	出口总额（万美元）	进口增长率（%）	出口增长率（%）
全省	1146510	1444100	57.7	44.7
武汉城市圈	1046952	1063104	31.5	37.1

续表 2-9

	进口总额（万美元）	出口总额（万美元）	进口增长率（%）	出口增长率（%）
武汉市	930000	875400	65.1	50.3
黄石市	90759	60006	27	26.7
鄂州市	6966	12952	−27	75.8
孝感市	7100	29700	126.6	54.8
黄冈市	5507	20903	−24.8	−48.4
咸宁市	2032	16800	−26.5	78.4
仙桃市	3324	25334	43.7	−1.7
潜江市	636	17514	−34.2	12.6
天门市	628	4495	43.7	−2.95

资料来源：根据湖北省统计局年度统计公报有关数据整理计算而得。

(二)外贸产业结构分析

随着经济的发展,武汉城市圈的外贸产业结构在不断优化,武汉已经建成了较为完备的产业结构体系;黄石是一座重工业城市,尤其是水泥、矿产及煤炭资源丰富,不过现在已经在逐步调整之中,而且服装、保健酒以及饮料行业也在快速发展;鄂州在建材、生物医药、纺织、汽车零部件、金属深加工等方面发展较快;天门、仙桃和潜江三个城市近来的产业结构在快速调整之中,其中以汽车制造、轻工食品、精细化工等为重点发展产业;黄冈是革命老区,发展相对较慢,主要以农副产业为主,近来也在大力发展旅游业等第三产业;咸宁在农林及农副产品方面也得到了较快的发展;孝感的食品加工行业发展较好,尤其是米酒和麻糖等食品在全国享有美誉,另外,孝感也在积极发展汽车零配件、农产品及化工产业等重要产业和支柱产业。

武汉城市圈各城市都具有一定的产业优势,但相比一些沿海发达城市圈来说,武汉城市圈各城市的产业结构就显得有些不足。武汉城市圈内的优势产业并不十分明显,主要体现在产业结构有些雷同,特别是没有形成产业规模和集聚效应,加之各个城市产业的附加值低,尤其是产业联系不紧密以及产业协作度不高以及其他相类似的问题等。因此,武汉城市圈应坚持在政府的引导下,运用市场机制来优化资源配置,形成完整且产业分工合理的产业链,促进产业经济一体化发展。

(三)外贸依存度分析

在国际经济快速发展以及经济贸易全球化的大背景下,必须加快对外贸易的步伐,积极招商引资并扩大外贸出口,使产业贸易在城市圈实体经济中占据重要地位,在城市圈经济中,各个城市体的快速发展和高度开放对城市圈内经济的外向发展有着重要影响和积极的意义。

虽然武汉城市圈内各个城市地处内陆,但是交通发达。武汉有"九省通衢"的美誉,水路、铁路和航空正在快速发展。目前城市圈内各个城市的外贸依存度明显偏低,并远低于我国平均水平。外贸产业的发展对经济增长有很重要的拉动和促进作用,武汉对其他城市的经济辐射效应不明显,这些都制约了武汉城市圈内相关产业的发展。从国际成熟的城市圈经验看,城市圈区域经济发展需要国内和国际两大市场经济体的支撑和保障,"双轮驱动"效应能够给武汉城市圈提供持久支持和发展动力,武汉城市圈需要借鉴国际经验。

2.3.2 武汉城市圈利用外资的经验比较分析

(一)对外贸易的情况比较

武汉城市圈在2000—2014年期间,利用外资的步伐明显加快。2007年,武汉城市圈外贸进出口总额为124.6亿美元,其中出口额为63.3亿美元,进口额为61.3亿美元。而同年长江三角洲地区进出口总额达7775.6亿美元,比2006年增长24.2%,其中出口额为4506.8亿美元,进口额为3268.8亿美元;珠江三角洲地区进出口总额达6101.1亿美元,比2006年增长20.4%,其中出口额为3540.9亿美元,进口额为2560.3亿美元;长江三角洲占全国的35.8%,珠江三角洲约占全国的28.1%,两者合计占全国的比重约为63.9%,相比之下,武汉城市圈外贸进出口总额较低,占全国的比重仅为0.6%。长江三角洲和珠江三角洲对外贸易是中国经济主要增长点,拥有出海口优势,比中西部地区发达。这两大经济圈外贸加工制造企业发达,每年有8000亿美元的规模,服装业和玩具家电业等产业发达,很多产品都出口海外;武汉城市圈虽然具有资源优势,但是在对外贸易方面比较薄弱,需要进一步扩大对外贸易,发展外向型经济,加快产品出口,提升产品整体竞争实力。

(二)吸收外商直接投资的情况比较

最近20多年武汉城市圈积极扩大对外贸易,特别是在进入21世纪的十几年间引进了大量外资企业进驻,并且在吸引国际资本方面做出了很大的努力,对招商引资方面也出台了一些优惠政策,各地所吸引的外资一直都保持较快的增长速度。在 20 世纪 80 年代,广东大量引进外资,并实行"三来一补";90 年代,广东大力引进以 IT 业为主的台资企业,随后大量日资和欧美企业进入中国开发市场。随着中国加入 WTO,广东的第三产业得到快速发展,其中旅游、房地产、保险、证券等快速发展,极大促进了广东经济的发展。据资料分析,在 2007 年,长江三角洲利用外资为 371.4 亿美元,比 2006 年增长 18.4%;珠江三角洲利用外资为 151.9 亿美元,比 2006 年增长 16.1%。而武汉城市圈招商实际利用外资约为 28.9 亿美元,相当于长江三角洲的 7.8%、珠江三角洲的 19.0%。因此,武汉城市圈在吸收外商直接投资方面与长江三角洲地区和珠江三角洲地区相比有一定的差距,需要进一步增强经济综合实力,并进一步吸引外商投资。

2.3.3 武汉城市圈对外贸易发展存在的问题

(一)经济发展不均衡

武汉城市圈内,九大城市的发展不平衡,武汉经济实力一直都是一家独大,在资源和发展方面具有强大的"向心力",可以使资源由周边城市向武汉地区集聚,形成产业集聚效应。但是在另一方面,资源向武汉过度集中,又会削弱其他城市的发展,影响其他城市经济发展的独立性和自主性,不利于城市圈梯度层次的协调发展以及城市功能互补。城市圈内经济发展差异增大,不利于城市圈经济的协调发展,从而阻碍城市圈经济的可持续性发展。

(二)人才流失严重

武汉是一座教育资源非常集中的城市,很多优质高校都集中在该区域。但是,武汉地区经济发展水平相比沿海城市有一定的差距,整体收入水平不高,使得人才大量流失。武汉城市圈内企业大多发展内向型经济,对外贸人才的需求数量不多,使得外贸人才难以有很好的发展空间;而在沿海城市及其他发达城市,对外贸易交往频繁,涉及金融保险、报关通关以及运输仓储等,对专业人才需求旺盛,高素质外贸专业人才纷纷进入。加之,武汉城市圈难为外贸人才提供较高的薪酬水平和良好的职业发展空间,使得外贸人才进一步外流,从而导致城市圈区域外贸发展水平不高,影响了武汉城市圈的整体经济实力。

(三)现代物流业欠发达

武汉地理位置优越,"九省通衢",纵南贯北,承东启西。武汉对于中部地区的辐射能力优于周边地区。而在对外贸易的运输方面,手续办理、运输成本及运输条件等是贸易企业所重点关注的问题。武汉及武汉城市圈相对于沿海地区来说,在发展对外贸易时劣势就显现出来了,主要体现在运输距离过大,陆路运输成本较高,规模效应无法体现,这些都不利于引进以出口为导向型的外资企业。当今社会,外贸企业对进出口物流的效率和速度都有很高的要求,在武汉城市圈的物流企业一般存在着不足,一些企业规模小,而且业务范围有限,无法为外资企业提供强大且可靠的物流保障,所有这些都制约了武汉城市圈的发展,也影响了其对外贸易发展的步伐。

2.3.4 促进武汉城市圈对外贸易发展的对策

(一)加大开放力度,促进经济协调发展

一是制定武汉城市圈对外贸易战略规划,建立完善的政策体系,提高城市圈对外开放水平,加快经济发展步伐,以充分发挥各个城市对外贸易出口优势,从而实现对外贸易对经济的拉动作用,以支撑武汉城市圈经济的快速增长;还要加快基础设施建设,主要是要加强基础设施网络建设,改善外商投资环境,以便吸引更多国际资本的进入。二是进一步提高引进外资的效率,提高城市圈内各企业的技术水平,加大宣传力度,扩大武汉城市圈在国际上的知名度和美誉度。三是在坚持扩大开放的同时,还要注重拓展国内市场,实现用外资带内资,继而以外贸促内贸,可以进一步使得对外开放与自主发展相辅相成,共同推动城市圈内经济的增长。四是在发展经济的同时,放眼全球,积极调整产业结构,发挥武汉市的"龙头"作用,提高城市圈内产业综合竞争力,实现经济高效与快速发展。

(二)扩展贸易渠道,加强外贸环境建设

武汉城市圈在发展对外贸易的同时,必须不断拓宽贸易的通道和渠道,改变单一渠道模式,积极实行多元化渠道模式。一方面,需要积极巩固与美国、欧盟、日本、韩国等之间的渠道,加强与港澳台的合作;另一方面,必须积极加大对东欧、非洲以及拉丁美洲市场的挖掘,实现贸易渠道多元化发展。需要大力发展会展经济和加强电子商务交流,通过不同类型的对外经济贸易交流,构建信息交流

平台,宣传特色产业,争取贸易商机的最大化,将市场信息传递给各企业,促进其多渠道获得外贸资源信息。要求企业组织专人参加交易会并组织参展团对外扩展贸易渠道;此外,有效改善外贸环境,通过国际国内合作扶持新兴产业,提高外贸基础设施建设水平。

(三)增强自身实力,积极发展中小企业

在武汉城市圈内,众多中小企业缺乏对外交流和学习的机会,缺少进行对外贸易的平台,因而就失去了向国际市场上优秀企业学习的机会,缺乏贸易实践经验。这样,它们自身的实力很难增强。没有强大的实力,也就无法参与竞争,毕竟国外很多大企业有丰富的贸易实战经验,以及先进的生产技术与很强的企业管理能力。武汉城市圈内中小企业在国际市场上竞争力不强,会极大地影响中小企业自身的健康快速发展。因此,必须切实有效地采取积极措施,不断增强中小企业竞争实力,积极改善中小企业融资环境,建立共享的信息网络,为武汉城市圈中小企业营造良好的服务环境;要重视城市圈内人才的培训以及人力资源的整合,采取有效措施留住人才,并加大奖励措施吸引海外人才。只有积极利用武汉地区的优质人才资源并加大人才引进的力度,才能有效地为城市圈内中小企业的发展提供人力保障。要加快推进民营企业创新力度,利用本地区产业布局,进一步壮大自己,使得城市圈内更多的企业能走出去积极参与国际市场竞争。

2.4 武汉城市圈制造业各行业的效益结构

2.4.1 武汉城市圈内各城市产业结构发展概况

武汉城市圈内各城市的产业都有其自身的优势和特征,特别是在湖北省加快推进武汉建设国家中心城市的部署下,以武汉为龙头,其他各城市共同协作,已经取得了很好的发展。在近几年,随着湖北省对外开放步伐的加快,以及外商投资的引入,城市圈内的产业结构得到了较快调整和优化,现就城市圈内各城市的发展概况进行分析。

(一)武汉市

武汉历来被称为"九省通衢"之地。武汉作为湖北省的省会城市,地理位置

非常重要,兼有承东启西与贯通南北的重要枢纽作用,是中国中部经济和地理的"心脏"地区。自改革开放以来的 30 多年时间里,武汉市作为武汉城市圈的核心,主要发展汽车制造业、光电子信息产业、钢材制造产业,以及新兴产业,诸如生物工程、新材料产业和新医药产业。另外,武汉也在大力发展环保产业。目前,武汉市的第三产业正在快速发展,尤其是商贸服务业、金融业、科技文化产业以及会展产业等。在制造业结构中,一些附加值较高的制造业也是重点发展对象,比如汽车、钢铁、光电信息、机械设备等制造业。此外,一些重要的现代都市农业也有很大的发展空间。今后,武汉市必将在高竞争力、高附加值以及高新技术产业领域取得突破,更好地参与国际竞争,在发展壮大自身的同时,成为连接武汉城市圈和世界市场的桥头堡,从而更好地推动武汉城市圈经济的发展。

(二)黄石市

黄石是矿冶之城。黄石市是鄂东地区的重要城市,也是湖北省乃至全国重要的矿冶名城,距武汉市只有 70 多公里,地理位置突出,对外交通便利,水路和公路交通都很便利,区位优势明显。黄石市拥有"百里黄金地,江南聚宝盆"之美誉,市内矿产资源丰富,尤其是有色金属和煤炭资源丰富,已经发现的金属和非金属等能源及矿产就有 4 大类,合计 64 种,特别是硅灰石质量在世界居于第二位。黄石是重要的工业城市,其中,有色金属冶炼技术以及采矿技术都具备较好的基础。近年来,黄石在纺织服装以及饮料饮品等产业领域也得到了很好的发展,其中的美尔雅西服和中国劲酒享誉全国。作为城市圈里很重要的组成部分,黄石市积极进行产业定位,力争打造成钢铁产业基地、原材料供应基地、纺织服装生产基地以及科技成果转化基地,从而带动整个鄂东南地区经济快速发展。

(三)鄂州市

鄂州是冶金走廊。鄂州市位于湖北省东部,距离省会武汉非常近,是长江中游南岸的重要新兴工业城市,特别是葛店经济技术开发区近几年得到快速发展。鄂州享有鄂东"冶金走廊""建材走廊"和"服装走廊"之称,形成了涵盖冶金、建材、服装、医药、食品、化工、电子、机械等门类齐全的产业体系,现在已经逐步成为鄂东冶金与建材走廊的重要组成部分,在钢铁、矿产、建材、机械等领域具有较强的竞争优势。钢铁产业链是鄂州市今后的重要产业,鄂州已逐步成为湖北的工业基地和鄂东的商品集散中心。

(四)孝感市

孝感为鱼米之乡。孝感市地处湖北东北部,具备良好的经济发展基础,是发展中的新兴中等城市。孝感市是湖北"优质高产高效"六大农产品生产基地,也是久负盛名的湖北"鱼米之乡"。孝感市与武汉市联系紧密,在市场交易与人才往来方面有较好的对接。孝感的麻糖和米酒全国闻名,农产品丰富,该市的定位为优质农产品基地和盐磷膏资源加工基地。

(五)黄冈市

黄冈是革命老区。黄冈市位于湖北省东部,历史悠久,是一座正在崛起和发展中的中等城市。黄冈是全省的商品粮和水产品的重要产区,农产品资源丰富。全市矿产开采价值高,拥有的金属和非金属矿藏达 40 多种。黄冈在茶叶、板栗、蚕茧、油茶等方面也有明显的优势,并且麻城的鱼糕和鱼面为重要特色。黄冈的产业基础主要集中在轻工食品、汽车零配件、医药化工、丝绸等方面。黄冈市产业发展重点是建设绿色农产品生产与加工基地,以及食品、医药、汽车零配件生产基地,还有就是借助革命老区的历史人文基础和自身丰富的旅游资源,大力发展旅游产业和文化生态旅游区。

(六)咸宁市

咸宁为桂花之乡。咸宁市通称"鄂南",地处华中腹地。全市森林资源丰富,森林覆盖率达到 48%,高于全国 35 个百分点,境内还有丰富的矿产资源,其中探明的煤炭储量有近亿吨,年开发量在百万吨左右。另外,咸宁还拥有丰富的土特产资源,有"桂花之乡""茶叶之乡"和"楠竹之乡"的美誉。该市除了积极发展制造产业,调整产业结构之外,还积极发挥生态优势,重点发展生态经济,力争建设生态文明城市。

(七)仙桃市

仙桃是江汉明珠。仙桃市被称为"鄂中宝地"和"江汉明珠",位于江汉平原腹地。仙桃市是新兴工业城市,亦是全国百强县(市)。该市的工业产业主要有纺织、建材、机械制造、制药、化工等,农业产业主要有稻谷种植业、小麦种植业、蚕豆种植业、棉花种植业、油菜种植业等。仙桃是国家重要的粮食和棉花产业基地。仙桃的重要产业目标是建设国际轻纺工业基地,也是武汉的"菜篮子"基地和石油、岩盐工业原料基地。

(八)潜江市

潜江为水乡园林。潜江市位于湖北中南部,是江汉平原腹地城市,所在地理位置为 318 国道、襄岳公路、宜黄高速公路过境地。该市境内石油资源丰富,著名的中石化江汉油田分公司就位于该市,石油是该市的重要支柱产业。潜江的工业主导产业还有建材、化工、轻纺、仪器制造等。作为武汉城市圈西翼主要城市,潜江市地处美丽富饶的江汉平原,资源丰富,地上盛产粮、油、棉,地下富藏油、气、盐,是难得的宝地。目前,潜江正在积极发挥其资源优势,并进一步发展石油、盐化工、医药和纺织等产业。

(九)天门市

天门是内地侨乡。天门市地理位置优越,地处鄂中腹地——江汉平原,南濒江汉黄金水道,北枕三峡过境铁路,上通荆沙,下接武汉。天门是中国内地著名侨乡,亦是湖北省重点侨乡,华人华侨众多,旅居海外的华人华侨及港澳同胞分散在世界各地,主要分列在世界五大洲 40 多个国家和地区。天门工业产业结构在不断优化,该市的岩盐储量丰富,特别是无水芒硝以及天然气等矿藏储备较多,极富开采价值。天门市的定位是作为武汉城市圈的产业梯度承接区和劳动力资源输送区,而且天门市还在积极建设生态经济开发区。该市的产业优势除了教育产业外,其棉纺制农业和林木加工业都具备较好的产业基础。

武汉城市圈内各城市的产业各有其特色,见表 2-10。在发挥各自优势的情况下,综合圈内资源,形成合力,以发挥整体区域优势,优化产业结构,实现产业升级,促进区域经济发展。

表 2-10 武汉城市圈各城市主导产业

城市	现阶段主导产业
武汉市	钢铁、机械、光电、化工、建材、食品、造纸、纺织
黄石市	冶金、建材、机械、化工、纺织、医药、食品、轻工
鄂州市	冶金、食品、服装
孝感市	机电、建材、化工、食品
黄冈市	建材、机械加工、纺织
咸宁市	轻纺、建材、机械、食品、运输

续表 2-10

城市	现阶段主导产业
仙桃市	纺织、食品、医药化工、轻工、建材
潜江市	机械制造、石油化工、盐化工、轻纺及医药化工
天门市	农产品加工、纺织、食品

资料来源：武汉市统计信息网，http://www.whtj.gov.cn/Index.aspx.

2.4.2 武汉城市圈三次产业结构比重分析

从产业的角度分析，武汉城市圈形成的过程也是产业空间集聚与扩散的过程，武汉城市圈处于经济发展方式转变和产业结构转型升级的关键时期，存在着一系列现实问题，既有产业集中在价值链低端导致资源要素配置效率不高的问题，又有整体竞争力不强的问题，同时也面临着国内外产业转移不断推进消费结构升级以及世界新一轮产业革命等历史性机遇。因此，加快推进武汉城市圈产业布局一体化可以更好地实现圈内各城市优势互补和增强创新优势，又能使武汉城市圈有效参与区域经济竞争，进一步强化武汉城市圈的经济地位，进而对全省经济发展起到示范和辐射作用。

武汉城市圈内各产业结构需要进一步优化，其中武汉的三次产业结构发展相对较为合理，其经济发展在城市圈内具备较大的区位功能，武汉具有较强的聚集作用和辖射作用，并且拥有强大的技术力量、完备的基础设施、完善的信息中枢、雄厚的资本和集中的消费市场，这些都使得武汉市的工业结构处于相对于圈内其他城市较高的层次，在空间发展和竞争中处于有利地位；黄石市的产业结构次优于武汉市，但第三产业所占比重仍偏低；而其他 7 个城市的发展由于受到工业化、产业化和城市化相对不足的制约，产业结构存在着工业对农业和第三产业支持力度不够的问题。武汉市和圈内其他城市产业结构的差异，会使得武汉市对周边城市形成资源、资本和人才的不对称吸纳现象，这在一定程度上对其他城市的经济和科技发展造成影响。

通过比较近十几年武汉城市圈的产业结构情况可以看出，武汉城市圈在产业结构优化方面取得了一定的成就，在加快推进圈内各城市产业结构调整方面取得了不小的进步，特别是在 2011—2013 年间进步较大。这推动了武汉城市圈经济发展方式的转变。近十几年来，武汉城市圈第一产业的比重在三大产业中呈直线下降趋势，但其在三次产业中所占比重仍较高，第一产业整体规模还是较大;第二产业的产值比重在 1996—2004 年期间呈平稳上升趋势,在 2005 年得以稳定下来,但随着产业结构调整升级,比重低于第三产业,随后又出现稳中有升的变化;第三产业的产值也在发生变化,自 2000 年以来在三次产业结构中的比重保持波动上升趋势,除了在 2008 年略有下降外,在 2009 年直到 2013 年及 2014 年都处于上升阶段。但总体来说,大力发展第三产业是未来产业结构调整的趋势,而且第三产业的比重还需进一步提高,像一些新兴服务产业更应该得到重点发展,诸如金融、保险、法律服务、信息咨询、会展和旅游服务等。第三产业一旦得到很好的发展,会推动第一产业和第二产业加快发展,从而使得中心城市对周边经济的发展起到组织协调和辐射作用,而且第三产业还可以进一步推动城市圈经济持续、快速和健康发展。

2.4.3 武汉城市圈产业融合的现状与特征

(一)产业总量增长,结构有待优化

武汉城市圈产业总量一直呈持续增长的态势,在全省占据"半壁江山",在 2013 年比重更大。利用 2008 年的数据分析,第一产业、第二产业和第三产业的增长幅度分别为 4.6%、7.8% 和 14.2%,增加值分别占全省的 42.8%、63.9% 和 66.3%。武汉城市圈占湖北省 31.2% 的区域面积、52.6% 的人口数量、61.5% 的生产总值、64.5% 的全社会固定资产投资和 54.3% 的地方财政一般预算收入。从总体经济规模来看,虽然产业结构有待进一步优化,但武汉城市圈总体经济实力居中部各城市群之首,并进入了工业化中期加速发展阶段。

(二)产业门类齐全,同构现象明显

作为全国重要的工业基地,武汉城市圈工业门类齐全,主要有汽车、钢铁、电子信息、有色冶金、桥梁与钢结构、盐化工、石油化工、建材及建筑业、纺织服装、食品工业等十大优势产业链。但是在城市圈中产业同构现象明显,据统计分析,属于地方重点的工业行业约有 18 个,在这些行业中有 12 个行业被 2 个以上的城市作为支柱行业,尤其是机械、建材、化工、纺织、食品等产业已成为大多数城市的主导发展产业。产业同构现象会产生不利影响,导致武汉城市圈分工不足、专业化程度不高,若没能形成科学完善的分工体系,还会导致产业的效率不高,不利于发挥各产业间的比较优势。

(三)产业分布集中,梯度有待发掘

在武汉城市圈中,武汉毫无疑问是龙头城市,在 2000—2014 年的 15 年间进一步领先。以 2008 年的数据分析,武汉 GDP 逼近 4000 亿元,达到 3960.08 亿元,武汉占武汉城市圈 GDP 的 56.8%、财政收入的 71.9% 及固定资产投资的 60.2%。从发展阶段来说,武汉城市圈处于工业化中、后期加速发展阶段。与武汉城市圈紧密相连的卫星城市中,生产总值过 500 亿元的不多,仅有黄石、孝感和黄冈 3 个城市,过 300 亿元的有 1 个城市,不足 200 亿元的也有 1 个城市,这些城市总体处于工业化初、中期阶段。由于梯度开发格局缺失,武汉"一城独大"的现实不利于武汉城市圈产业合理发展,在产业体系中缺乏强有力的"二传手",这样会导致"极核效应"难以发挥。武汉城市圈还只是发展了几年,后续还有很大的发展空间,要成为真正意义上有一定影响力的经济圈,必须进行梯度开发。

(四)产业层次提升,竞争能力不强

近年来,武汉城市圈 9 个城市积极探索新型工业化发展道路和调整优化产业结构,而且还在不断延伸产业链和壮大产业集群,使得产业层次不断提升。但是,相比其他沿海城市圈来说,武汉城市圈产业整体竞争力不强,具体来说有三个方面:一是产业盈利能力差;二是产业技术水平低;三是产业能耗水平高。这三个方面必须加以改进,而且城市圈内企业还必须进行自主知识产权开发,增加自有知名品牌,并努力在行业内占据龙头地位,这样武汉城市圈产业才能在全球竞争中取得更大的优势。

(五)产业融合启动,体制障碍凸显

随着武汉城市圈的深入发展,圈内各城市积极进行产业融合:一是产业对接机制逐步完善,成立专门机构,多渠道开展城市间产业的交流合作;二是产业对接方向进一步明确,确定重点发展高新技术、汽车及零部件、生物医药、桥梁与钢结构、农产品加工等产业圈,形成结构优化、优势互补的产业发展格局;三是产业对接形式进一步多样化。在工业制造业和农业生产加工等方面,城市圈内要加强合作,周边 8 个城市要以武汉为依托,形成与武汉市分工协作的关系。但是,由于体制的原因以及地方保护主义,武汉城市圈内各城市可能会受地方短期利益驱动,以及"行政区经济"发展模式的影响,导致各自为政和市场分割,这样就不利于城市圈内的资源优化配置。

2.4.4　武汉城市圈产业结构一体化的目标发展方向

(一)从追求产业发展速度转变为注重产业质量

要注重产业发展速度和质量的相互关系,从重视发展速度转变为重视发展质量,以发展带动产业调整,通过产业调整为经济发展注入活力。因此,一方面应当把主要精力放在结构调整上,加大结构调整的力度,绝不能片面追求经济总量的增长而忽视产业结构优化,这样即使经济发展了,也会造成巨大的资源浪费,还是得不偿失;另一方面,在整个结构调整中,必须重视资源的合理利用,并高度重视资源保护,寻找节约资源和高效发展的道路,切实加强生态建设,要在发展过程中淘汰落后产能和技术,坚持走绿色发展、安全发展和可持续发展的道路。

(二)从追求完整产业体系转变为重视错位发展

追求完整的产业体系是目标。但是随着经济发展,必须要进一步转变思维方式,要更加重视不同区域的功能定位乃至错位发展,形成合作互利的发展格局。武汉城市圈在产业结构调整中,要创新结构优化升级的机制,整合圈内产业资源。要打破行政区域的限制,避免形成重复建设和不合理的地区布局,要发挥比较优势,促进协调发展。根据区域资源环境承载能力,明确不同区域的功能定位,有计划地转移传统产业,提升产业结构,逐步形成既错位发展、又有产业聚集的新格局。要按照健全市场合作机制、互助扶持机制的要求,构建区域间优势互补、互利共赢的机制,为武汉城市圈内产业协调发展提供制度保障。

(三)从重视工业化发展转变为重视信息化发展

从重视工业化发展转变为更加重视信息化发展,坚持走新型工业化道路。在发展以信息产业为代表的高科技产业时,要加快用现代信息技术改造传统产业,大力推进信息技术建设,并推动信息产品在能源、机械、交通、冶金、纺织、化工、建材等产业中的应用,发挥信息化的带动作用,通过财税、金融等手段,构建循环经济激励与约束机制,改革资源性产品价格机制,促进圈内城市按照产业特色建立循环经济产业园和循环农业示范区,构建生产领域内部和消费领域内部之间的循环产业链体系。加快建立信息循环评估体系,加快企业环境成本优化进程,坚持走新型信息化和工业化道路。

（四）从重视供给结构调整转变为重视需求结构调整

从重视供给转变为重视需求结构的调整，可以从有效引导居民消费需求切入，带动产业结构的优化升级。要重视供给方面的成本高、污染重、质量差等问题，更要重视需求方面的消费能力低、消费环境差和消费理念落后等问题，要把培育绿色的消费模式和生产方式作为经济发展的全局性问题进行研究，还要将消费政策作为与货币政策和产业政策并重的调控手段纳入宏观调控考虑。积极改善消费环境，增强消费能力，并发挥消费对经济增长的拉动作用，形成投资与消费良性互动的稳定格局。

（五）从重视物质产品生产转变为重视服务产品生产

要以加快第三产业发展为着力点，从重视物质产品生产向重视服务产品生产转变，增强产业结构的合理性。要坚持市场化、社会化和产业化发展方向，进一步完善和创新服务业发展机制，改变服务业市场准入过严的局面，建立公开、公平和规范的行业准入制度；要积极鼓励外资和民营企业参与服务业的投资；要积极发展大型服务企业，提高服务水平，打造服务品牌和提升产业素质，大力发展金融、保险、信息、物流等服务行业，并积极支持会计、法律服务、知识产权、咨询服务等现代服务业；积极发展旅游、文化体育、房地产、教育培训、社区服务、养老服务、医疗保健等产业。建立与社会发展相适应的服务体系，逐步形成服务多元化、多样化和高级化的发展格局，奠定武汉城市圈在区域现代服务业的中心地位。

（六）从强调比较优势转变为提升产业技术水平

从强调比较优势转变为提升产业技术水平，增强企业参与经济全球化的竞争力。武汉城市圈要以自主创新的方式提升产业技术水平，加快建立以企业为主体、市场为导向的技术创新体系，形成自主创新的体制，加强政府在技术创新中的协调作用，加大政府对产业进步的扶持力度，完善风险投资机制，引进国内外著名风险投资企业，创新融资担保方式，推行知识产权抵押制，开展科技保险试点，支持企业进入创业板市场。城市圈还要集中力量实施一批重大科技计划项目，开发具有自主知识产权的技术和产品，建设科技示范工程和科技研发基地，提高产业技术水平，推动高新技术产业结构升级。

2.4.5 基于经济效益增长的武汉城市圈产业结构调整策略

(一)完善武汉城市圈大市场建设,加强武汉市经济辐射能力

武汉作为城市圈内的特大城市,具有得天独厚的区位优势,是资源、信息和技术等交流的战略节点,在中部地区具有很重要的地位。要实现城市圈内社会经济可持续发展,必须充分发挥武汉市的带头作用,通过经济辐射力增强圈内城市的功能。还要把城市圈内的资金流、物流、人才流和信息流融合起来,提高第三产业的整体水平,通过城市圈的功能把各种资源辐射到周边城市,使得其他城市能依托武汉的大市场,发展现代服务业,同时武汉的经济辐射能力也能进一步加强,从而不断提高城市圈内服务业的整体水平。

(二)发展循环经济,改变经济增长方式

武汉城市圈内各城市实体要转变经济增长方式,就必须大力发展循环经济,节约资源、综合利用,加大环境保护力度,这些举措对武汉城市圈的发展是非常重要的。武汉城市圈积极加强"两型社会"建设,就必须针对城市圈内重工业比重较大、能源消耗相对较高以及环境污染较严重的事实,大力发展循环经济,并进行资源节约利用,改变高投入、高污染和高消耗的传统经济增长方式,调整产业结构,走可持续的道路,逐步实现武汉城市圈建设"两型社会"的重大战略。

(三)发挥区位优势,把握东部产业转移带来的新机遇

随着东部沿海城市圈内产业结构的优化,一些劳动密集型产业以及其他部分行业都在积极寻找转移方向,因此,武汉城市圈就面临着一定的机遇,该区域具有比较优势,武汉城市圈要充分发挥自身的区位优势,利用承接东部沿海地区产业的机会,抓住国际产业向我国中部转移的机遇期,不断进行招商引资。武汉城市圈要把握和承接东部地区所带来的资金、技术,积极增强自己的经济实力,把握好产业转移的发展机遇进行体制创新,创造各种有利环境,进一步发展外向型经济。当然,在承接东部产业转移过程中,不能盲目引进,更不能为了引进而不顾环境的保护,不能为了引进技术和产业而导致环境的破坏和污染,必须在坚持引进中优化选择,真正做到促进武汉城市圈经济的可持续发展。

(四)因地制宜进行产业结构优化,促成立体产业形成

武汉城市圈产业结构的调整可以借鉴罗斯托提出的五种主导部门综合体系,在各城市自身的产业结构基础上,充分发挥各自优势,避免结构趋同。具体说来,城市圈内大中小型不同城市的选择和定位应有所区分。大型城市应发展汽车工业、高端服务产业及高新技术信息产业等;中型城市应发展制造业和新兴产业;中小城市应以资源深加工为主。使各类城市之间形成职能互补、主次分明、结构合理的产业结构体系。在武汉城市圈内建设四大产业带,第一产业带:武汉中心城要大力发展金融保险及法律咨询服务业,努力成为金融中心、科教中心和高新技术产业基地。第二产业带:推动黄石、鄂州、咸宁和黄冈等城市建设光电子信息、钢铁、生物医药、环保等产业聚集带。第三产业带:推动仙桃、天门、潜江等城市建设汽车制造、精细化工、生产设备、出口加工等产业聚集带。第四产业带:推进孝感等城市建设汽车零部件、盐磷化工及农产品加工等产业聚集带。

2.4.6　推进武汉城市圈产业融合与效益结构优化的途径

通过产业融合能提升产业效益,使得效益结构得到优化,产业融合要遵循市场经济规律,并受资本、技术、产业链等多种因素制约。推进武汉城市圈产业融合与效益结构优化主要有以下几条途径:

(一)统筹规划、突出特色、合理分工、错位发展

借鉴国内外先进城市群经验可以发现:城市群的发展实质是区域经济的一体化。具体来说主要是产业分工以形成分工明确和配套紧密的产业链,从而使生产要素获得最优配置并促使资源合理流动。根据武汉城市圈 9 个城市的特点,应该进行全面统筹规划,以体现城市各自特色,在此基础上进行合理分工,并实现错位发展。武汉城市圈应该利用在地理区位、交通、土地、矿产、生态环境等方面的优势,综合考虑发展潜力,实现区域经济协调发展。

(二)体制变革、协调推进、政策创新、重点突破

科学发展有条件,这就要求体制变革和创新,对过去不科学的发展方式进行改革,对未来发展方式进行创新。建立合理、科学的创新机制,协调推进区域产业融合,并实现一体化发展。在此基础上,要进行政策创新,并在关键领域实施

重点突破,就应该变革体制,改革政绩考核体系,大胆创新产业政策、投融资政策、财税政策,协调推进"1+8"城市圈的产业融合,在一体化布局的基础上有选择地重点突破,形成重点突出和均衡发展相结合的良好局面。

(三)优化结构、循环经济、产业升级、自主创新

武汉城市圈产业融合要不断优化结构,实行循环经济,并积极推动产业升级,实现区域经济的自主创新。要围绕冶金、建材、化工、汽车等传统产业进行改造升级,积极发展循环经济模式,打造一批自主创新的新型企业,如加快建设东西湖区和青山区国家级循环经济试点园区,还要加快创建区域循环经济发展试验区;要积极推进重点领域的技术进步,研发先进制造技术,力争在光电子技术、先进制造装备与新材料技术、数字通信设备、生物工程医药技术、环境节能技术等领域取得突破,促进制造业产业战略升级,并加快开发现代都市农业技术;要加强现代化服务业技术创新,在信息通信试验网技术、协同电子商务关键技术、现代金融服务信息系统、数字信息系统融合等领域取得突破,促进武汉城市圈现代服务业的繁荣发展;要积极壮大重点高新技术产业群,把高新技术产业园建设成产业集群发展平台,发挥园区集聚效应和辐射效应,打造一批特色鲜明、竞争力强的产业集群。

(四)带状布局、链式发展、产业集群、蛙跳组团

武汉城市圈要进行产业整体布局,尤其要进行带状布局,打造优势产业带,壮大各区域城市产业链,构筑强大的产业集群,要以开发区为依托,在工业园区中发展蛙跳组团模式,以促进区域产业发展。具体来说,以武汉东湖新技术开发区为龙头,建设包括黄石、鄂州、黄冈等城市的高新技术产业带,壮大现代装备制造产业链、光电子信息产业链、节能与环保产业链、生物医药产业链;以武钢为龙头,建设包括鄂州、黄石等城市在内的冶金建材产业带,壮大钢铁冶金产业链、建材产业链;以武汉经济技术开发区为辐射极,建设城市圈汽车产业带,壮大城市圈汽车产业链;以武汉吴家山海峡两岸科技园为核心,建设电子元器件产业带,壮大家电产业链、电子信息产业链;以武汉为中心,建设包括仙桃、天门和潜江等城市的化工产业带,壮大盐化工产业链、石油化工产业链、精细化工产业链;还可以建设武汉城市圈农副产品生产及加工产业带,加强农副产品的产供销一条龙服务及壮大加工产业链,实现武汉城市圈经济互利共赢。

武汉城市圈制造业竞争力分析

　　竞争是市场经济的本质特征,在世界经济格局不断变化的今天,各个国家和地区在产业层面,尤其是制造业的竞争越来越激烈。在工业化进程中,制造业是推动经济发展的重要支柱产业,具有强劲竞争力的制造业能创建出一个可持续的经济生态体系,能吸引国内外投资,改善国际收支平衡状况,增加国家智力资本,提高国家的创新能力,推进研发工作和科技发展,驱动高技能劳工和科学家的需求,创造高质量的工作岗位,带动相关行业的发展和就业,制造业竞争力的强弱直接影响到一个国家或地区在世界经济格局中的地位和作用。

　　2015 年 5 月 8 日,国务院发布了中国版"工业 4.0"规划——《中国制造2025》。《中国制造 2025》提出,坚持把创新摆在制造业发展全局的核心位置,推动跨领域跨行业协同创新,突破一批重点领域关键共性技术,促进制造业数字化、网络化和智能化,走创新驱动的发展道路。因此,大力发展制造业从国家层面来讲具有十分重要的意义。

　　近几年,武汉城市圈作为中部崛起的重要地区,也在不断发展其制造业。本章从制造业的生产效率、获利能力、规模产出竞争力和资产管理能力四个方面构建指标体系,力求对武汉城市圈制造业各行业竞争能力进行综合评价①。

---

　　① 由于相关会计准则和统计编报规则的修订,部分数据无法获得,本章的部分数据更新截止到 2013 年,特此说明。

3.1　武汉城市圈制造业各行业的生产效率

3.1.1　制造业生产效率的概述

(一)生产效率的定义

生产效率是指在固定投入量下,实际产出与最大产出二者间的比率,反映达到最大产出、预定目标的程度。对生产效率定义的理解可从微观和宏观两个角度进行。微观角度的生产效率是企业内部运营状况优化的程度,即通常所说的生产效率;宏观角度的企业效率是企业对社会经济在总的资源配置上的推动程度,也叫作生产的外部配置效率[①]。

(二)生产效率与竞争力的关系

在经济全球化背景下,制造业不断促进经济增长方式的转变,对生产力的提高、技术创新、就业、贸易增长起着巨大的推动作用。据世界银行数据,2013年我国制造业增加值在世界排名第一,占比达到20.8％。我国22个工业产品大类中的7个大类产量位列世界第一,其中,220多种工业品产量居世界第一位,制造业净出口居世界第一位[②]。2014年,全国规模以上工业增加值同比增长8.3％,制造业同比增长9.4％。其中,电子制造业增长12.2％,装备制造业增长10％,消费品工业、原材料工业分别增长8.4％和8.3％。从效益看,规模以上工业企业实现利润同比增长3.3％,其中制造业实现利润增长6.5％[③]。

我国制造业虽然取得了较快的发展,但与世界制造业强国相比,仍存在较大差距,总体上还处于大而不强的状况,具体表现在自主创新能力不强、产业结构不尽合理、经济效益偏低、资源利用效率偏低等方面。生产效率直接影响制造业整体竞争力。产量相同时,生产率高的企业投入相对较少,能获得低成本优势,

---

①　肖田. 中国制造业的生产效率分析[D]. 哈尔滨:哈尔滨理工大学,2008.

②　2013年中国制造业增加值在世界排名第一[EB/OL]. (2015-3-3),http：// www. chinairn. com/news/20150303/124150776. shtml.

③　2014年我国制造业同比增长9.4％[EB/OL]. (2015-1-27),http：// www. chinabgao. com/stat/stats/40325. html.

提高市场份额,获得较多利润。多年来,我国制造业过度依赖于资金和资源的大规模投入,发展方式粗放,生产效率较低。2012 年制造业增加值率为 22.1%,比2000 年的 26.24% 下降了大约 4 个百分点,发达国家的制造业增加值率一般为35% 以上,美国、德国等国甚至超过了 40%①。2014 年 12 月,中国制造业 PMI(采购经理指数)为 50.1%,比 11 月份回落 0.2 个百分点,微高于临界点,这说明我国制造业保持着稳定发展的基本态势,但增长动力仍显不足。分企业规模看,大型制造业企业 PMI 为 51.4%,大型企业走势基本稳定;中小型制造业企业 PMI 连续位于临界点以下,分别为 48.7% 和 45.5%,表明中小型制造业企业生产经营仍面临不少困难②。只有解决制造业各行业资源消耗大、制造精度低、技术含量不高等生产效率问题,才能从整体上提升制造业的发展水平,增强制造业的核心竞争力。

3.1.2　武汉城市圈制造业各行业生产效率的现状分析

2014 年,湖北省第二产业生产总值为 12852.40 亿元,比 2013 年增长10.1%;规模以上工业企业总产值为 43393.87 亿元,比 2013 年增长 10.67%。武汉城市圈总面积为 5.78 万平方千米,约占湖北省总面积(18.59 万平方千米)的 31.09%;常住人口为 3088.99 万人,约占湖北省总人口(5816 万人)的53.11%;地区生产总值为 17265.15 亿元,约占湖北省生产总值(27379.22 亿元)的 63.06%③。由此可见,武汉城市圈是湖北省产业、人口最密集的区域,是全省经济增长的动力所在。2014 年,第二产业占城市圈生产总值的 49.03%,占湖北省生产总值的 46.94%,这说明湖北省经济发展仍旧十分依赖第二产业的发展。制造业是第二产业的核心组成部分,制造业的增长状况将直接影响地区经济增长的速度和质量。由于企业与产业在运行上有较大差别,针对企业的研

---

① 杨国民. 重塑制造业竞争新优势——访国务院研究室工贸司司长张军立[EB/OL].(2015-4-13), http:// www. miit. gov.cn/n11293472/n11293877/n16553775/n16553852/n16553906/16589735. html.

② 2014 年中国制造业运行情况:增长动力仍显不足[EB/OL].(2015-1-1), http://www. askci. com/news/finance/2015/01/01/9314912vb. shtml.

③ 本节数据均来源于 2014—2015 年湖北统计年鉴。

究不能满足对产业考察的需要,本节选择了湖北省①制造业 31 个具体行业 2009—2014 年的数据,针对其生产效率进行研究。影响行业生产效率的因素是很多的,出于对数据收集可行性、连续性及简便原则的考虑,本节将重点关注国有控股企业比重、企业平均规模、外商投资这三类主要影响因素。

(一)国有控股企业比重与湖北省制造业各行业生产效率

产权安排对生产效率的影响体现在两个方面:一是明晰的产权安排能减少企业内部人与他人之间的交易数量,降低交易费用,从而提高企业生产效率;二是明晰的产权安排能消除个人行为的外部性,从而给企业各要素所有者明确的激励和约束,使之更能适应市场经济,最终表现为生产效率的提高②。近年来政府积极推进民营化改革,以期增加制造业企业的生产活力,从根本上改变制造业生产效率不高的局面。

根据图 3-1③ 分析可知,从变化趋势来看,机械电子行业、轻工业的国有控股企业比重呈明显下降趋势,这说明这两个行业国有企业产权改革进行得较为彻底;石油化学工业的国有控股企业占比呈现出小范围波动性上升趋势,这说明其国有企业产权改革进行得较为缓慢。根据表 3-1 分析可知,从绝对值来看,制造业大部分行业基本呈现出国有控股企业比重下降趋势。烟草制品业,石油加工、炼焦和核燃料加工业,黑色金属冶炼和压延加工业,铁路、船舶、航空航天和其他运输设备制造业,这四大制造业行业的国有控股企业比重基本超过 70%,烟草制品业甚至为 98%。究其原因,这四大行业均属于国有垄断行业或国家经济命脉行业,为保证国家经济安全,国家必须对其加大控制。皮革、毛皮、羽毛及其制品和制鞋业,家具制造业,文教、工美、体育和娱乐用品制造业,这三大制造业行业均属于轻工业,其国有控股企业比重均不过 3%,为所有行业中的最低值。

---

① 注:因 2009—2013 年武汉城市圈制造业相关数据不具备完整性,而武汉城市圈相关经济指标约占湖北省经济总量比重的 50% 以上,本节以湖北省制造业各行业生产效率为研究对象。

② 原鹏飞. 中国制造业生产效率变迁研究[D]. 西安:陕西师范大学,2006.

③ 其中,轻工业包括表 3-1 中从序号 1—12 的行业,石油化学工业包括从序号 13—17 的行业,建材冶金行业包括从序号 18—21 的行业,机械电子行业包括从序号 22—31 的行业。下文分类同此。

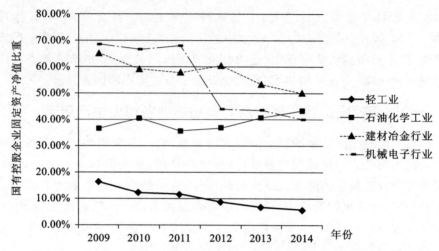

图 3-1   2009—2014 年湖北省制造业中国有控股企业固定资产净值比重

表 3-1   2009—2014 年湖北省制造业各行业国有控股企业固定资产净值比重

序号	制造业子行业	国有控股企业固定资产净值比重					
		2009 年	2010 年	2011 年	2012 年	2013 年	2014 年
1	农副食品加工业	11.02%	7.01%	5.40%	4.03%	4.41%	2.44%
2	食品制造业	25.60%	17.99%	12.44%	13.11%	11.20%	9.50%
3	酒、饮料和精制茶制造业	7.66%	6.11%	5.59%	4.41%	4.18%	4.23%
4	烟草制品业	98.99%	98.86%	99.14%	99.11%	98.40%	90.97%
5	纺织业	7.12%	6.57%	6.99%	5.69%	4.67%	4.01%
6	纺织服装、服饰业	8.53%	6.46%	7.13%	5.19%	4.99%	4.24%
7	皮革、毛皮、羽毛及其制品和制鞋业	0.61%	0.00%	0.00%	0.00%	0.00%	0.03%
8	木材加工和木、竹、藤、棕、草制品业	2.07%	0.65%	0.74%	0.61%	0.53%	2.51%
9	家具制造业	2.32%	1.39%	1.12%	0.64%	0.39%	0.57%
10	造纸和纸制品业	21.10%	22.56%	15.93%	10.22%	3.73%	9.60%
11	印刷和记录媒介复制业	25.71%	25.67%	27.65%	25.25%	19.08%	13.35%
12	文教、工美、体育和娱乐用品制造业	0.00%	0.00%	0.00%	0.00%	0.56%	0.55%

序号	制造业子行业	国有控股企业固定资产净值比重					
		2009 年	2010 年	2011 年	2012 年	2013 年	2014 年
13	石油加工、炼焦和核燃料加工业	81.97%	76.55%	65.34%	68.45%	72.58%	73.72%
14	化学原料和化学制品制造业	40.63%	44.38%	43.03%	46.75%	50.17%	54.07%
15	医药制造业	9.72%	17.64%	12.85%	11.18%	9.71%	9.78%
16	化学纤维制造业	0.00%	0.00%	0.00%	5.72%	4.90%	3.12%
17	橡胶和塑料制品业	17.51%	16.68%	9.35%	7.82%	7.17%	7.39%
18	非金属矿物制品业	27.54%	16.12%	16.20%	17.26%	12.25%	9.40%
19	黑色金属冶炼和压延加工业	91.97%	83.00%	79.00%	83.35%	81.40%	83.74%
20	有色金属冶炼和压延加工业	30.34%	58.39%	52.57%	55.29%	53.41%	56.46%
21	金属制品业	11.19%	7.47%	15.76%	16.05%	13.47%	16.64%
22	通用设备制造业	34.98%	40.98%	31.28%	37.87%	37.66%	36.12%
23	专用设备制造业	37.50%	25.14%	35.12%	22.95%	19.49%	18.85%
24	汽车制造业①			80.97%	46.43%	52.46%	44.09%
25	铁路、船舶、航空航天和其他运输设备制造业	83.25%	83.13%	82.02%	84.20%	77.64%	78.33%
26	电气机械和器材制造业	35.40%	10.53%	15.63%	21.11%	18.98%	23.49%
27	计算机、通信和其他电子设备制造业	66.78%	53.16%	64.11%	56.06%	50.98%	49.29%
28	仪器仪表制造业	14.44%	14.89%	24.49%	26.24%	62.10%	53.51%
29	其他制造业	41.43%	42.08%	64.33%	55.23%	57.05%	13.52%
30	废弃资源综合利用业			15.49%	15.00%	2.99%	1.79%
31	金属制品、机械和设备修理业②	0.00%	1.54%	84.05%	5.94%	5.15%	12.53%

资料来源：根据 2010—2015 年湖北统计年鉴相关数据计算而得。

---

① 注：2010 年、2011 年湖北统计年鉴将汽车制造业，铁路、船舶、航空航天和其他运输设备制造业统称为交通运输设备制造业。

② 注：2010 年、2011 年湖北统计年鉴没有细分出金属制品、机械和设备修理业，本节将其与废弃资源综合利用业合并计算。

（二）企业平均规模与湖北省制造业各行业生产效率

企业规模对企业生产效率有着重要的影响作用。经济学家用"规模经济"来解释这种影响。规模经济是指随着生产规模的扩大生产效率递增的生产状况①。规模经济理论要求企业具有较大的规模来提高其生产效率，但企业规模过大也会降低其生产效率。因此，探究制造业各行业的平均规模变化情况对研究其生产效率具有重要意义。

由于制造业中轻工业和重工业行业性质差异较大，本节主要研究不同行业在一段时期内平均规模的变化趋势。由图 3-2 可知，2009—2014 年，湖北省制造业各行业平均规模基本呈明显增加趋势，平均规模增加幅度均超过 2 倍。其中，建材冶金行业在近 3 年有下滑的趋势；石油化学工业增幅明显，平均规模达到最大，反映了该行业的高度垄断性和对国家经济安全的重要性。由表 3-2 可知，从制造业具体行业来看，石油加工、炼焦和核燃料加工业，黑色金属冶炼和压延加工业，汽车制造业，铁路、船舶、航空航天和其他运输设备制造业，这四大制造业行业平均规模扩大幅度不足 2 倍，其他 27 个制造业行业平均规模扩大均超

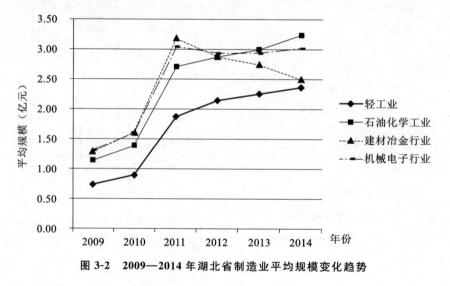

图 3-2　2009—2014 年湖北省制造业平均规模变化趋势

---

①　袁桂秋，张玲丹. 我国制造业的规模经济效益影响因素分析[J]. 数量经济技术经济研究，2010(3)：42-44.

过 2 倍。究其原因,是这四大制造业行业属于重工业,其产业规模基数较大,再扩大具有一定的难度。

表 3-2　2009—2014 年湖北省制造业各行业工业总产值的平均值(亿元)

制造业子行业	工业总产值的平均值(亿元)					
	2009 年	2010 年	2011 年	2012 年	2013 年	2014 年
农副食品加工业	0.73	0.90	1.93	2.34	2.52	2.63
食品制造业	0.74	0.96	1.91	2.20	2.34	2.43
酒、饮料和精制茶制造业	1.03	1.22	3.33	3.53	3.51	3.51
烟草制品业	25.06	36.19	42.15	58.10	74.17	87.56
纺织业	0.66	0.84	1.53	1.80	1.92	2.12
纺织服装、服饰业	0.55	0.67	1.33	1.54	1.58	1.66
皮革、毛皮、羽毛及其制品和制鞋业	0.34	0.41	1.18	1.22	1.18	1.14
木材加工和木、竹、藤、棕、草制品业	0.42	0.53	1.19	1.35	1.49	1.61
家具制造业	0.29	0.34	0.92	1.14	1.16	1.25
造纸和纸制品业	0.68	0.82	1.70	1.90	1.91	1.95
印刷和记录媒介复制业	0.46	0.51	1.16	1.21	1.40	1.52
文教、工美、体育和娱乐用品制造业	0.39	0.91	1.57	1.53	1.56	1.39
石油加工、炼焦和核燃料加工业	11.65	11.50	20.35	16.82	18.13	18.92
化学原料和化学制品制造业	1.16	1.45	2.89	3.16	3.27	3.57
医药制造业	0.99	1.18	2.04	2.29	2.40	2.57
化学纤维制造业	1.13	1.65	3.47	3.86	3.87	3.75
橡胶和塑料制品业	0.52	0.65	1.29	1.50	1.63	1.81
非金属矿物制品业	0.49	0.60	1.41	1.45	1.53	1.58
黑色金属冶炼和压延加工业	11.04	13.57	10.25	9.66	8.90	7.31
有色金属冶炼和压延加工业	2.06	3.01	5.71	5.45	5.78	5.55
金属制品业	0.64	0.76	1.62	1.74	1.85	1.91
通用设备制造业	0.62	0.77	1.34	1.83	1.78	1.89
专用设备制造业	0.48	0.54	1.32	1.45	1.64	1.73

续表 3-2

制造业子行业	工业总产值的平均值（亿元）					
	2009 年	2010 年	2011 年	2012 年	2013 年	2014 年
汽车制造业	2.22	2.77	4.74	3.99	3.83	3.80
铁路、船舶、航空航天和其他运输设备制造业			3.83	3.82	3.81	3.89
电气机械和器材制造业	1.13	1.40	2.38	2.55	2.74	2.74
计算机、通信和其他电子设备制造业	2.41	2.22	5.59	5.29	5.27	5.96
仪器仪表制造业	0.46	1.62	1.00	1.08	1.09	1.30
其他制造业	0.58	0.80	1.94	2.18	1.90	1.93
废弃资源综合利用业	0.77	1.18	2.63	2.65	2.44	2.57
金属制品、机械和设备修理业			1.84	1.62	1.74	1.76

资料来源：根据 2010—2015 年湖北统计年鉴相关数据计算而得。

（三）外商投资与湖北省制造业各行业生产效率

外商投资（Foreign Direct Investment，FDI）是指国际企业的进入参与，能有效弥补东道国在经济发展过程中所面临的资金缺口，提高产业质量，提高劳动生产率，并通过产业关联效应带动与其相关联的上下游产业的发展，进而推动东道国整个产业的综合发展[①]。FDI 通过增加国内产业的竞争迫使所有企业来提高生产的效率。企业可以学习引进先进的科学技术和管理经验，以促进其生产效率的提高。作为发展中国家中最开放、最大的经济体，中国成为 FDI 流入最多的国家之一，而流入中国的 FDI，又有 2/3 左右流入制造业[②]。

根据图 3-3 分析可知，湖北省制造业各行业中外商投资及港澳台投资比重均呈下降趋势。其中，轻工业、石油化学工业、建材冶金行业三大制造业行业的外商投资比重呈现出较为缓慢的下降趋势，整体而言较为平稳；机械电子行业的外商投资比重呈现出明显下滑趋势，特别是在 2013 年下降幅度较大。究其原因，主要是汽车制造业外商投资，由 2012 年的 2063.68 亿元下降到 2013 年的

---

①　徐可莉. 外商直接投资对湖北省产业结构升级的影响研究[D]. 成都：西南财经大学，2014.

②　原鹏飞. 中国制造业生产效率变迁研究[D]. 西安：陕西师范大学，2006.

541.83亿元,从整体上降低了机械电子行业的外商投资总额。由表3-3可知,烟草制造业的外商投资几乎为0,石油加工、炼焦和核燃料加工业,黑色金属冶炼和压延加工业,有色金属冶炼和压延加工业,专用设备制造业,金属制品、机械和设备修理业五大制造业外商投资比例基本不超过10％,这些高度垄断性行业的外商投资比例低,正好与其国有控股比例高相对应,都是为了保证我国经济发展的安全性和稳定性。

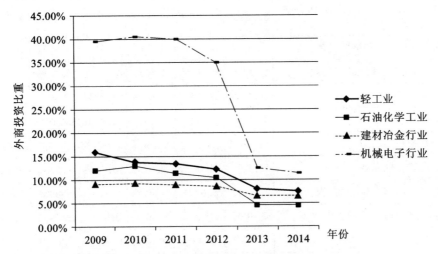

图3-3 2009—2014年湖北省制造业中外商投资及港澳台投资比重

表3-3 2009—2014年湖北省制造业各行业外商投资比重

制造业子行业	外商投资比重					
	2009 年	2010 年	2011 年	2012 年	2013 年	2014 年
农副食品加工业	11.59％	7.80％	7.81％	7.01％	5.02％	4.74％
食品制造业	29.26％	24.74％	20.77％	21.44％	16.79％	16.65％
酒、饮料和精制茶制造业	28.64％	30.41％	29.65％	26.67％	21.02％	16.18％
烟草制品业	0.00％	0.00％	0.00％	0.00％	0.00％	0.00％
纺织业	14.87％	12.75％	13.09％	11.33％	5.05％	4.64％
纺织服装、服饰业	15.51％	13.16％	14.36％	14.13％	6.86％	10.43％
皮革、毛皮、羽毛及其制品和制鞋业	27.04％	21.17％	22.96％	18.46％	16.59％	14.29％
木材加工和木、竹、藤、棕、草制品业	6.36％	5.90％	4.20％	2.12％	1.48％	1.01％

续表 3-3

制造业子行业	外商投资比重					
	2009 年	2010 年	2011 年	2012 年	2013 年	2014 年
家具制造业	18.96%	18.85%	11.29%	7.96%	4.39%	4.56%
造纸和纸制品业	29.06%	23.89%	22.64%	20.70%	8.94%	9.29%
印刷和记录媒介复制业	16.84%	14.36%	14.71%	11.57%	6.99%	5.20%
文教、工美、体育和娱乐用品制造业	37.82%	18.27%	13.43%	16.58%	9.95%	8.14%
石油加工、炼焦和核燃料加工业	9.99%	10.12%	11.70%	13.38%	6.27%	5.60%
化学原料和化学制品制造业	9.02%	10.19%	8.80%	7.50%	2.46%	2.38%
医药制造业	26.90%	27.20%	25.17%	23.93%	10.52%	12.08%
化学纤维制造业	7.06%	14.52%	20.17%	18.98%	17.13%	15.95%
橡胶和塑料制品业	12.05%	13.21%	6.89%	5.23%	4.30%	3.91%
非金属矿物制品业	14.78%	14.86%	13.92%	10.14%	9.38%	8.14%
黑色金属冶炼和压延加工业	5.94%	5.62%	5.60%	6.25%	5.80%	7.05%
有色金属冶炼和压延加工业	7.40%	8.83%	8.66%	9.08%	2.60%	3.24%
金属制品业	13.53%	15.44%	14.08%	12.63%	5.62%	4.93%
通用设备制造业	13.29%	3.70%	8.22%	15.46%	3.96%	4.15%
专用设备制造业	5.25%	8.83%	6.52%	5.77%	3.95%	2.90%
汽车制造业	52.78%	53.12%	56.33%	50.08%	10.82%	10.42%
铁路、船舶、航空航天和其他运输设备制造业			2.04%	1.87%	0.57%	0.71%
电气机械和器材制造业	31.05%	35.78%	26.76%	27.72%	14.56%	14.01%
计算机、通信和其他电子设备制造业	36.87%	32.04%	50.22%	46.54%	35.17%	27.83%
仪器仪表制造业	3.82%	72.38%	8.33%	7.89%	7.11%	7.00%
其他制造业	4.28%	4.86%	1.62%	1.99%	0.17%	0.00%
废弃资源综合利用业	1.58%	0.00%	4.28%	11.25%	12.32%	12.78%
金属制品、机械和设备修理业			0.00%	0.00%	0.00%	0.00%

资料来源:根据 2010—2015 年湖北统计年鉴相关数据计算而得。

3.1.3 湖北省制造业各行业生产效率的实证分析

在分析了国有控股企业比重、企业平均规模、外商投资对湖北省制造业各行业生产效率影响的基础上,进一步研究湖北省制造业各行业生产效率的水平和变化情况。本节基于 2012—2014 年湖北统计年鉴的相关数据,采用基于非参数数据包络分析方法(Data Envelopment Analysis,DEA)模型的 Malmquist(马奎斯特)生产率指数,计算 2011—2013 年湖北省制造业 31 个子行业的全要素生产效率。

(一)指标选取

运用 DEA 模型来分析问题的关键是确定投入产出指标。目前,较多学者对制造业各行业生产效率进行评价研究时,用各行业的工业总产值来衡量产出,用各行业的固定资产净值、年均从业人数等来衡量投入。在此基础上,采用工业总产值、净利润来衡量产出,进而测算制造业各行业的生产效率和生产效益;采用固定资产净值、流动资产年平均余额、年均从业人数、总资产平均余额来衡量投入,具体如表 3-4 所示。将流动资产和总资产作为投入变量是考虑到正常生产经营中,流动资产和总资产都是必不可少的生产要素。

表 3-4　湖北省制造业各行业生产效率的评价指标

产出指标	工业总产值
	净利润
投入指标	固定资产净值
	流动资产年平均余额
	年均从业人数
	总资产平均余额

(二)模型建立

数据包络分析方法的原理主要是在保持决策单元(Decision Making Units,DMU)输入不变的同时研究决策单元的产出水平是否有效,如果无效,则能否通过改变一种或多种投入来增加产出;或者研究在保持输出不变的情况下要素的投入是否得到充分的利用,即要素的投入是否存在浪费,如果存在浪费,就减少一种或多种要素的投入以保持产出不变,这样可以节约有限的资源,减少不必要的浪费。

假设湖北省制造业有 n 个子行业,每个子行业可以看成是一个 DMU,这样就有了 n 个 DMU,每个 DMU 都有 m 种"输入"和 s 种"输出"。"输入"表示该DMU 对资源的投入使用状况,而"输出"表示该 DMU 利用资源后的成效状况。

当对 $j_0(1 \leqslant j_0 \leqslant n)$ 个 DMU 进行效率评价时,以权系数 v 和 u 为变量,以第 j_0 个 DMU 的效率指数为目标函数,以所有的 DMU(也包括第 j_0 个)的效率指数为约束,即 $h_j \leqslant 1, j = 1, 2, \cdots, n_0$ 则第 K 个城市物流相对效率可以通过如下线性规划描述:

$$
\begin{cases}
\max h_{j0} = \dfrac{\sum\limits_{r=1}^{s} U_r \cdot Y_{r0}}{\sum\limits_{i=1}^{m} V_r \cdot X_{i0}} \\[4mm]
\text{s. t.} \dfrac{\sum\limits_{r=1}^{s} U_r \cdot Y_{rj}}{\sum\limits_{i=1}^{m} V_r \cdot X_{ij}} \leqslant 1, j = 1, 2, \cdots, n \\[4mm]
v = (v_1, v_2, \cdots, v_m)^{\mathrm{T}} \geqslant 0 \\[2mm]
u = (u_1, u_2, \cdots, u_m)^{\mathrm{T}} \geqslant 0
\end{cases}
$$

其中,X_{ij} 是第 j 个决策单元对第 i 种类型输入的投入总量,$X_{ij} > 0$;Y_{rj} 是第 j 个决策单元对第 r 种类型输出的产出总量,$Y_{rj} > 0$。在求解不等式线性规划的时候,通常在计算过程中需要引入松弛变量 S^+ 和剩余变量 S^-,将上面的不等式约束转化为等式约束以方便理解和计算:

$$
\begin{cases}
\min \theta \\[2mm]
\text{s. t.} \sum\limits_{j=1}^{n} \lambda_j x_j + S^+ = \theta x_0 \\[4mm]
\sum\limits_{j=1}^{n} \lambda_j y_j - S^- = \theta y_0 \\[4mm]
\lambda_j \geqslant 0, j = 1, 2, \cdots, n \\[2mm]
\theta \text{ 无约束}, S^+ \geqslant 0, S^- \geqslant 0
\end{cases}
$$

(三)结论与分析

根据以上模型和指标数据,采用 DEAP 2.1 软件进行计算,分别得出 2011

年、2012 年、2013 年湖北省制造业各行业的综合效率（crste）和纯技术效率（vrste）两个指标，计算结果见表 3-5。

表 3-5 2011—2013 年湖北省制造业各行业生产效率

制造业子行业	2011 年		2012 年		2013 年	
	综合效率	纯技术效率	综合效率	纯技术效率	综合效率	纯技术效率
农副食品加工业	1	1	1	1	1	1
食品制造业	0.936	0.936	0.741	0.741	0.717	0.717
酒、饮料和精制茶制造业	0.721	0.771	0.639	0.661	0.714	0.796
烟草制品业	1	1	1	1	1	1
纺织业	0.800	0.800	0.821	0.821	0.810	0.810
纺织服装、服饰业	0.800	0.800	0.694	0.694	0.841	0.841
皮革、毛皮、羽毛及其制品和制鞋业	0.817	0.817	0.676	0.676	0.676	0.676
木材加工和木、竹、藤、棕、草制品业	0.785	0.785	0.639	0.639	0.721	0.721
家具制造业	0.677	0.677	0.763	0.763	0.589	0.589
造纸和纸制品业	0.616	0.616	0.610	0.610	0.598	0.598
印刷和记录媒介复制业	0.624	0.626	0.516	0.516	0.688	0.688
文教、工美、体育和娱乐用品制造业	1	1	0.780	0.780	0.885	0.885
石油加工、炼焦和核燃料加工业	1	1	1	1	1	1
化学原料和化学制品制造业	0.701	0.841	0.658	0.852	0.755	0.891
医药制造业	0.605	0.605	0.610	0.610	0.609	0.609
化学纤维制造业	0.602	0.602	0.718	0.718	0.631	0.631
橡胶和塑料制品业	0.609	0.609	0.647	0.647	0.744	0.744
非金属矿物制品业	0.779	0.779	0.640	0.640	0.774	0.774
黑色金属冶炼和压延加工业	0.657	1	0.533	1	0.354	0.915
有色金属冶炼和压延加工业	0.831	0.834	0.756	0.756	0.797	0.822
金属制品业	0.505	0.507	0.507	0.519	0.561	0.569
通用设备制造业	0.464	0.481	0.552	0.575	0.469	0.532

续表 3-5

制造业子行业	2011 年		2012 年		2013 年	
	综合效率	纯技术效率	综合效率	纯技术效率	综合效率	纯技术效率
专用设备制造业	0.548	0.549	0.521	0.525	0.423	0.450
汽车制造业	0.981	1	0.846	1	0.751	1
铁路、船舶、航空航天和其他运输设备制造业	0.368	0.385	0.360	0.367	0.385	0.398
电气机械和器材制造业	0.587	0.601	0.546	0.559	0.638	0.681
计算机、通信和其他电子设备制造业	0.551	0.614	0.531	0.567	0.564	0.689
仪器仪表制造业	0.721	0.721	0.737	0.737	0.491	0.491
其他制造业	0.585	0.585	0.648	0.648	0.518	0.518
废弃资源综合利用业	0.927	0.927	0.957	0.957	0.906	0.906
金属制品、机械和设备修理业	0.398	0.398	0.659	0.659	0.726	0.726
均值	0.694	0.715	0.666	0.695	0.667	0.708

根据表 3-5 分析可知,从总体上来看,产业生产效率呈现出机械电子、化学工业、重工业、轻工业依次从低到高的分布情况。农副食品加工业,烟草制品业,石油加工、炼焦和核燃料加工业连续 3 年实现纯技术效率和综合效率值都为 1,说明这 3 个制造业行业实现了规模有效和技术有效,行业生产效率较高;黑色金属冶炼和压延加工业尚未实现规模有效,在 2011 年和 2012 年实现纯技术效率为 1,2013 年纯技术效率值为 0.915,说明该行业技术效率由有效变为无效;汽车制造业连续 3 年纯技术效率为 1,技术效率有效,而综合效率由 0.981 下降到 0.751,规模效率持续下降;其余 26 个制造业行业均未实现技术有效和规模有效,行业生产效率有待提高。究其原因,农副食品加工业,黑色金属冶炼和压延加工业,汽车制造业,每年都能创造较大份额的工业总产值;烟草制品业,石油加工、炼焦和核燃料加工业属于国家高度垄断行业,对国家经济安全发展起着重要作用。因此,以上 5 个行业能实现技术有效或规模有效。

从单个子行业来看,食品制造业的综合效率和纯技术效率值连续 3 年下降,由 0.936 下降到 0.717,由相对有效转变为明显无效;金属制品、机械和设备修理业的综合效率和纯技术效率值连续 3 年上升,由 0.398 增加到 0.726,说明其行业生产效率不断提升。机械电子行业中,通用设备制造业,专业设备制造业,铁路、船舶、航空航天和其他运输设备制造业,电气机械和器材制造业,计算机、通信和其他电子设备制造业五大制造业行业生产效率一直维持在较低水平,这也是造成机械电子行业生产效率不高的重要原因。这与目前该行业仍以劳动密集型和资金密集型为主导、技术创新能力不强、过度依靠外在品牌有着密切关系。值得注意的是,机械电子行业中的废弃资源综合利用业的综合效率和纯技术效率值一直保持在 0.9 以上,较为接近 1,说明该行业 DEA 相对而言是有效的,生产效率保持在较高的水平。

综上所述,湖北省制造业大部分行业基本呈现出国有控股比重下降趋势,外商投资及港澳台投资比重均呈下降趋势,而各行业平均规模基本呈明显上升趋势,平均规模扩大幅度均超过 2 倍。从产业生产效率来看,基本呈现出机械电子、化学工业、重工业、轻工业依次从低到高的分布规律。农副食品加工业,烟草制品业,石油加工、炼焦和核燃料加工业,这三大制造业行业能同时实现技术有效和规模有效,废弃资源综合利用业的技术效率和规模效率接近有效,行业生产效率较高,行业竞争力较强,其他制造业行业的 DEA 模型均为无效,说明其生产效率有较大提升空间,行业竞争能力有待加强。

3.2 武汉城市圈制造业获利能力分析

3.2.1 获利能力与竞争力

(一)获利能力与竞争力的定义

获利能力,即行业利用各种经济资源获取利润的能力,它是行业营销能力、获取现金能力、降低成本能力及回避风险能力等的综合表现,也是行业各环节经营结果的具体表现,行业经营的好坏都会通过获利能力表现出来[①]。可以说行业获利能力是决定行业价值的重要因素。

市场经济的核心是竞争,构成市场经济本质特征的一个重要内容就是竞争力。竞争力是市场经济中最为普遍的一个概念。按照竞争力的不同层次,通常分为国家竞争力、产业竞争力、企业竞争力和产品竞争力。国家竞争力的基础是

---

① 倪燕. 企业盈利能力分析[J]. 合作经济与科技,2007(17):330-331.

产业竞争力;产业竞争力亦称产业国际竞争力,指某国或某一地区的某个特定产业相对于其他国家或其他地区同一产业在生产效率、满足市场需求、持续获利等方面所体现的竞争能力[①],取决于生产因素、需求要素、相关产业和支持产业的表现、企业的策略、结构和竞争对手等要素;企业竞争力是基于企业一系列特殊资源而形成的、相对于竞争对手的获取长期利润的能力,它决定了产业竞争力的发展,企业竞争力体现在产品竞争力上;产品竞争力是一项产品或服务由于其特殊性或价格(成本)优势而形成的占有市场、获取长期利润的能力。

(二)行业获利能力与产业竞争力的关系

行业获利能力与产业竞争力既有区别又有联系,区别是行业的获利能力是行业内各个企业运用各种经济资源获取利润的能力,而产业竞争力是行业的产品所具有的开拓市场、占据市场并以此获得利润的能力;联系是行业的获利能力归根结底取决于其竞争能力,即行业是否具有一定的竞争优势,能否在竞争中站稳脚跟,能否占领市场,产品或服务能否获取利润。行业获利能力是行业竞争力的集中反映和体现。增强行业的获利能力,是提高行业竞争力、促进行业可持续发展的关键。

3.2.2 武汉城市圈制造业各行业获利能力分析

(一)获利能力指标的选取

获利能力指标主要包括营业利润率、成本费用利润率、盈余现金保障倍数、总资产贡献率、净资产收益率和资本收益率六项。实务中,上市公司经常采用每股收益、每股股利、市盈率、每股净资产等指标评价其获利能力,见表3-6。

表3-6　获利能力常用指标

常用指标	计算公式
营业利润率	营业利润率＝营业利润/营业收入×100%
成本费用利润率	成本费用利润率＝利润总额/成本费用总额×100%
盈余现金保障倍数	盈余现金保障倍数＝经营现金流量/净利润×100%
总资产贡献率	总资产贡献率＝息税前利润/平均资产总额×100%

① 朱春奎. 产业竞争力的理论研究[J]. 生产力研究,2003(6):182-183.

续表 3-6

常用指标	计算公式
净资产收益率	净资产收益率＝净利润/平均资产×100％
资本收益率	资本收益率＝净利润/平均资本×100％
每股收益	每股收益＝归属于普通股东的当期净利润/当期发行在外普通股的加权平均数
每股股利	每股股利＝普通股现金股利总额/年末普通股总数
市盈率	市盈率＝普通股每股市价/普通股每股收益
每股净资产	每股净资产＝年末股东权益/年末普通股总数

(1)营业利润率。即指营业利润与全部业务收入的比率。作为考核公司获利能力的指标,营业利润率比营业毛利率更加全面,理由如下:第一,它不仅考核主营业务的获利能力,而且考核附营业务的获利能力;第二,营业利润率不仅反映全部收入与和其直接相关的成本、费用之间的关系,还将期间费用纳入支出项目从收入中扣减。期间费用中大部分项目是属于维持公司一定时期生产经营能力所必须发生的固定性费用,必须从当期收入中全部抵补,公司的全部业务收入只有抵扣了营业成本和全部期间费用后,所剩余的部分才能构成公司稳定、可靠的获利能力。

(2)成本费用利润率。即指相对时期里"实现的利润与成本费用"之间的比率,对成本费用投入后的经济效应给予充分体现,亦对利润于相应时间里的节省成本费用能力给予充分体现。此指标的选取,重点对成本效率进行体现,缘于成本效率的优劣直接体现获利能力的高低[①]。

(3)盈余现金保障倍数。又叫利润现金保障倍数,是指企业在一定时期经营现金净流量同净利润的比值,反映了企业当期净利润中现金收益的保障程度,真实地反映了企业的盈余的质量。盈余现金保障倍数从现金流入和流出的动态角度,对企业收益的质量进行评价,对企业的实际收益能力再一次修正。

(4)总资产贡献率。又称资产所得率,即指企业一定时期内获得的报酬总额与资产平均总额的比率。它表示企业包括净资产和负债在内的全部资产的总体获利能力,用以评价企业运用全部资产的总体获利能力,是评价企业资产运营效益的重要指标。企业总资产中的负债由债权人提供,债权人从企业(即债务人)

---

① 徐长双. 企业获利能力分析评价指标的改进和完善[J]. 财会研究,2011(24):134-135.

获得利息收入,这笔利息收入相对应的是企业(即债务人)的利息支出;企业总资产中的净资产(即所有者权益)是股东的投资,股东从企业获得分红,该分红相对应的该企业的净利润,即税后利润,并不是利润总额。

(5)净资产收益率。又称股东权益收益率,该指标反映股东权益的收益水平,用以衡量公司运用自有资本的效率。净资产收益率是反映公司获利能力的核心指标,指标值越高,说明投资带来的收益越高,获利能力越好。

(6)资本收益率。该指标体现了企业所有资产的获利能力,是对企业盈利能力进行评价与考核的关键指标。在企业资产里,一般情况下所有者权益资产生成固定资产,而流动资产一般出自负债,总资产的贡献率重点体现了固定资产对企业获利能力的贡献能力。

(7)每股收益。又称每股税后利润、每股盈余,即每股盈利(EPS),指税后利润与股本总数的比率,是普通股股东每持有一股所能享有的企业净利润或需承担的企业净亏损。每股收益通常被用来反映企业的经营结果,衡量普通股的获利水平及投资风险,是投资者等信息使用者据以评价企业盈利能力、预测企业成长潜力,进而做出相关经济决策的重要的财务指标之一。

(8)每股股利。即股利总额与流通股股数的比值。

(9)市盈率。市盈率(Price Earnings Ratio,即 P/E Ratio)也称本益比、股价收益比率或市价盈利比率。市盈率是最常用来评估股价水平是否合理的指标之一,由股价除以年度每股盈余(EPS)得出(以公司市值除以年度股东应占溢利亦可得出相同结果)。计算时,股价通常取最新收盘价,而 EPS 方面,若按已公布的 2013 年度 EPS 计算,称为历史市盈率(Historical P/E);计算预估市盈率所用的 EPS 预估值,一般采用市场平均预估(Consensus Estimates),即追踪公司业绩的机构收集多位分析师的预测所得到的预估平均值或中值。所谓合理的市盈率没有一定的准则。

(10)每股净资产。即股东权益与股本总额的比率,这一指标反映了每股股票所拥有的资产现值。每股净资产越高,股东所拥有的资产现值越多;每股净资产越少,股东所拥有的资产现值越少。通常,每股净资产越高越好。其中根据数据可得性及指标的典型性,选取总资产报酬率和成本费用利润率作为评价指标。

武汉城市圈中的黄石市、黄冈市及潜江市只有 2010 年的统计年鉴数据,咸宁市只有 2011 年的统计年鉴数据,数据缺失没有可比性;仙桃市和天门市都有 2010 年、2011 年及 2012 年的统计年鉴,但是仙桃市统计年鉴中的制造业数据以化学制造业和纤维橡胶制造业为主,天门市统计年鉴中的制造业数据以食品制造业和水产制造业为主,两者在制造业分类上过于单薄。所以本节以武汉市为核心,运用 2010—2014 年《武汉市统计年鉴》中 31 个制造业子行业的总资产报酬率和成本费用利润率来分析制造业各个行业的获利能力,其中由于 2010 年、2012 年、2013 年《武汉市统计年鉴》中化学纤维制造业数据缺失,2010 年、2011 年、2012 年《武汉市统计年鉴》中汽车制造业数据缺失,最终确定研究样本为武汉市制造业 29 个子行业。

(二)获利能力分析

将 29 个制造业子行业按《武汉市统计年鉴》中的排列顺序将其分成 4 个层级,便于对比分析,见表 3-7。

表 3-7　制造业子行业层级表

层级	子行业
第一层级	农副食品加工业,食品制造业,饮料制造业,烟草制品业,纺织业,纺织服装、鞋、帽制造业
第二层级	皮革、毛皮、羽绒及其制品业,木材加工及竹、藤、棕、草制品业,家具制造业,造纸及纸制品业,印刷业和记录媒介的复制业,文教体育用品制造业,石油加工、炼焦及核燃料加工业
第三层级	化学原料及化学制品制造业、医药制造业、橡胶制品业、塑料制品业、非金属矿物制品业、黑色金属冶炼及压延加工业、有色金属冶炼及压延加工业、金属制品业
第四层级	通用设备制造业,专用设备制造业,交通运输设备制造业,电气机械及器材制造业,通信设备、计算机及其他电子设备制造业,仪器仪表及文化、办公用机械制造业,工艺品及其他制造业,废弃资源和废旧材料回收加工业

1. 第一层级制造业获利能力分析

第一层级制造业子行业总资产贡献率见表 3-8,成本费用利润率如图 3-4 所示。

表 3-8　第一层级制造业子行业总资产贡献率

制造业子行业	总资产贡献率(%)				
	2009 年	2010 年	2011 年	2012 年	2013 年
农副食品加工业	18.10	13.46	8.55	13.33	15.69
食品制造业	19.54	18.36	16.60	15.73	11.55

续表 3-8

制造业子行业	总资产贡献率(%)				
	2009 年	2010 年	2011 年	2012 年	2013 年
饮料制造业	6.78	19.08	18.64	16.44	18.96
烟草制品业	87.93	82.63	99.38	99.64	98.86
纺织业	6.01	5.77	6.05	7.60	10.03
纺织服装、鞋、帽制造业	7.23	10.22	11.79	10.08	11.31

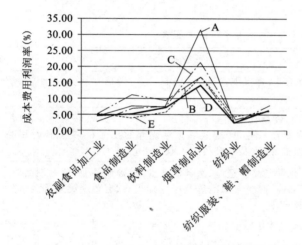

图 3-4　第一层级制造业子行业成本费用利润率

　　根据表 3-8 分析可知,农副食品加工业,食品制造业,饮料制造业,烟草制品业,纺织业,纺织服装、鞋、帽制造业 6 个子行业在 2009—2013 年这 5 年来总资产贡献率的水平保持平稳。其中,烟草制品业的总资产贡献率最高,2013 年高达 98.86%。表明 5 年来 6 个子行业的固定资产的获利能力非常稳定,烟草制品业尤其突出且固定资产的获利能力非常强。其中,武汉烟草集团是全国烟草行业的重点企业,并且是全行业拥有国家级技术中心的 5 家企业之一,所以武汉市在烟草发展上也是非常突出的。

　　根据图 3-4 分析可知,在 2009—2013 年这 5 年来农副食品加工业、食品制造业、饮料制造业成本费用利润率在不断下降,表明利润在下降,同时这三个制造业子行业的经济效益有所下滑;2012 年烟草制品业成本费用利润率比 2009 年下降很多,2013 年小幅回升,表明烟草制品业效益有所下滑,但意识到问题后已经在改善;在 2009—2013 年这 5 年来纺织业和纺织服装、鞋、帽制造业成本费用利润率呈上升趋势,表明该行业的经济效益有所提高。

2. 第二层级制造业子行业获利能力分析

第二层级制造业子行业包括皮革、毛皮、羽绒及其制品业,木材加工及竹、藤、棕、草制品业,家具制造业,造纸及纸制品业,印刷业和记录媒介的复制业,文教体育用品制造业,以及石油加工、炼焦及核燃料加工业 7 个子行业。

2009—2013 年第二层级制造业子行业总资产贡献率见表 3-9。

表 3-9 第二层级制造业子行业总资产贡献率

制造业子行业	总资产贡献率(%)				
	2009 年	2010 年	2011 年	2012 年	2013 年
皮革、毛皮、羽绒及其制品业	33.29	22.12	28.07	1.66	13.21
木材加工及竹、藤、棕、草制品业	23.77	7.14	14.78	30.58	33.15
家具制造业	15.1	7.31	6.63	7.15	6.00
造纸及纸制品业	14.66	8.31	5.86	3.38	11.8
印刷业和记录媒介的复制业	12.96	55.37	14.76	10.87	11.31
文教体育用品制造业	70.26	10.22	15.27	11.71	9.89
石油加工、炼焦及核燃料加工业	−16.84	79.69	20.23	11.51	52.05

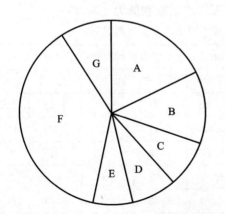

A:皮革、毛皮、羽绒及其制品业

B:木材加工及竹、藤、棕、草制品业

C:家具制造业

D:造纸及纸制品业

E:印刷业和记录媒介的复制业

F:文教体育用品制造业

G:石油加工、炼焦及核燃料加工业

图 3-5 2009 年第二层级制造业子行业总资产贡献率饼状图

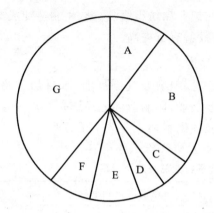

A：皮革、毛皮、羽绒及其制品业

B：木材加工及竹、藤、棕、草制品业

C：家具制造业

D：造纸及纸制品业

E：印刷业和记录媒介的复制业

F：文教体育用品制造业

G：石油加工、炼焦及核燃料加工业

图 3-6　2013 年第二层级制造业子行业总资产贡献率

根据图 3-5、图 3-6 和表 3-9 可知,皮革、毛皮、羽绒及其制品业的总资产贡献率下降不少;木材加工及竹、藤、棕、草制品业的总资产贡献率上升幅度较大;家具制造业的总资产贡献率下降了;造纸及纸制品业的总资产贡献率下降幅度较大;印刷业和记录媒介的复制业的总资产贡献率略有下降;文教体育用品制造业的总资产贡献率大幅下降,由原来的 70.26％ 下降到 9.89％。武汉市在这几年对于创作演出、休息娱乐和体育锻炼的政策支持力度有所下降以及普通市民对其关注热度减弱,促使其相关用具和器材的需求下降,最终导致文教体育用品制造业的资产的获利能力不断下降;相反,石油加工、炼焦及核燃料加工业的总资产贡献率大幅上升,由原来的 −16.84％ 上升到 52.05％,其资产的获利能力不断增强。

表 3-10　第二层级制造业子行业成本费用利润率

制造业子行业	成本费用利润率（％）				
	2009 年	2010 年	2011 年	2012 年	2013 年
皮革、毛皮、羽绒及其制品业	13.88	10	7.52	1.12	1.25
木材加工及竹、藤、棕、草制品业	5.62	2.17	5.48	9.98	11.05
家具制造业	3.42	0.13	4.25	4.17	2.36
造纸及纸制品业	8.38	4.32	0.90	−0.65	2.32
印刷业和记录媒介的复制业	11.81	8.85	12.12	6.76	8.70
文教体育用品制造业	12.93	9.02	10.47	4.81	3.65
石油加工、炼焦及核燃料加工业	−8.1	5.46	−5.17	−3.6	−0.19

　　根据表 3-10 分析可知,皮革、毛皮、羽绒及其制品业的成本费用利润率下降幅度较大;木材加工及竹、藤、棕、草制品业的成本费用利润率略有上升;家具制造业的成本费用利润率略有下降;造纸及纸制品业的成本费用利润率下降幅度较大;印刷业和记录媒介的复制业的成本费用利润率略有下降;文教体育用品制造业的成本费用利润率大幅下降;石油加工、炼焦及核燃料加工业的成本费用利润率大幅上升。

　　综合而言,皮革、毛皮、羽绒及其制品业,造纸及纸制品业和文教体育用品制造业的获利能力下降较大;木材加工及竹、藤、棕、草制品业,家具制造业和印刷业和记录媒介的复制业的获利能力较为平稳;石油加工、炼焦及核燃料加工业的获利能力增强幅度很大。

　　3. 第三层级制造业子行业获利能力分析

　　第三层级制造业子行业分别包括化学原料及化学制品制造业、医药制造业、橡胶制品业、塑料制品业、非金属矿物制品业、黑色金属冶炼及压延加工业、有色金属冶炼及压延加工业,以及金属制品业 8 个子行业。

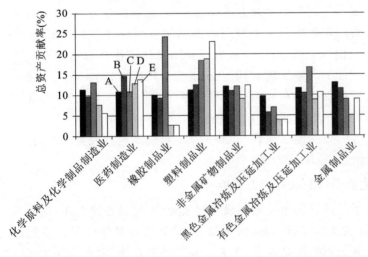

图 3-7　2009—2013 年第三层级制造业子行业总资产贡献率

　　根据图 3-7、图 3-8 分析可知,化学原料及化学制品制造业的总资产贡献率呈下降趋势,其成本费用利润率在 2011 年大幅度上升后保持稳定水平,综合而言,其获利能力有所下降;医药制造业在总资产贡献率和成本费用利润率两方面保持相对稳定,表明其获利能力在这 5 年里相对平稳;橡胶制品业在总资产贡献

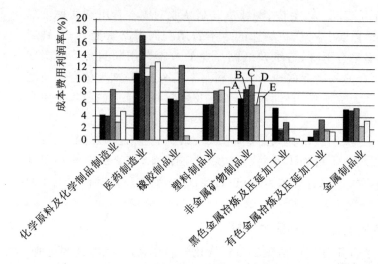

图 3-8　2009—2013 年第三层级制造业子行业成本费用利润率

率和成本费用利润率两方面下降幅度较大,其获利能力下降幅度较大;塑料制品业在总资产贡献率和成本费用利润率两方面略有上升,其获利能力不断增强;非金属矿物制品业在总资产贡献率和成本费用利润率两方面保持相对稳定,表明其获利能力在这 5 年里相对平稳;黑色金属冶炼及压延加工业在总资产贡献率和成本费用利润率两方面下降幅度较大,其获利能力下降幅度较大;有色金属冶炼及压延加工业的总资产贡献率和成本费用利润率在 2011 年大幅上升后,2012年下降较大,继而保持稳定状态,2011 年其获利能力增加幅度很大,之后快速下降,继而维持在稳定状态;金属制品业在 2009—2011 年期间获利能力相对稳定,2012—2013 年其获利能力略有下降。

4. 第四层级制造业子行业获利能力分析

第四层级制造业子行业分别包括通用设备制造业,专用设备制造业,交通运输设备制造业,电气机械及器材制造业,通信设备、计算机及其他电子设备制造业,仪器仪表及文化、办公用机械制造业,工艺品及其他制造业,废弃资源和废旧材料回收加工业 8 个制造业子行业。

根据图 3-9、图 3-10 分析可知,通用设备制造业和仪器仪表及文化、办公用机械制造业在总资产贡献率和成本费用利润率两方面保持相对稳定,表明其获利能力在这 5 年里相对平稳;专用设备制造业和交通运输设备制造业在总资产贡献率和成本费用利润率两方面略有下降,其获利能力减弱;电气机械及器材制

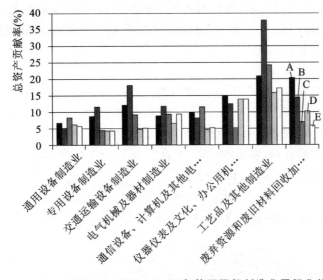

图 3-9 2009—2013 年第四层级制造业子行业总资产贡献率

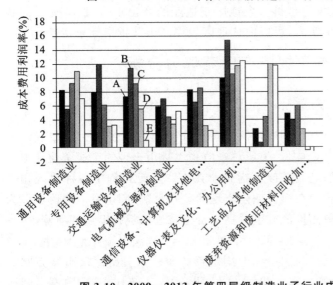

图 3-10 2009—2013 年第四层级制造业子行业成本费用利润率

造业的总资产贡献率和成本费用利润率在 2010 年大幅上升后,2011 年下降较大继而保持稳定状态,2010 年其获利能力增加幅度很大,之后快速下降,继而维持在稳定状态;通信设备、计算机及其他电子设备制造业在总资产贡献率和成本费用利润率两方面下降幅度较大,其获利能力下降幅度较大;工艺品及其他制造业的总资产贡献率普遍很高,但是其成本费用利润率却很低,说明该企业用过高的成本付出换取了资产的获利能力的大幅度提高,之后几年其获利能力相对稳定;废弃资源和废旧材料回收加工业的总资产贡献率和成本费用利润率下降幅度较大,表明其获利能力下降幅度较大。

　　总体来看,武汉市制造业 29 个子行业中,烟草制品业,石油加工、炼焦及核燃料加工业,医药制造业,工艺品及其他制造业的获利能力较强,总资产贡献率和成本费用利润率增幅较大;皮革、毛皮、羽绒及其制品业,造纸及纸制品业和文教体育用品制造业,橡胶制品业获利能力较低,在这 5 年里下降幅度较大;其他制造业子行业获利能力变动幅度较小,相对稳定。

3.3　武汉城市圈制造业规模产出竞争力

3.3.1　规模产出竞争力定义

　　制造业的规模产出竞争力是指一个地区制造业的产出水平、拥有资产的状况,能体现该行业规模产出实力,可以由该地区规模产出分析指标来衡量[1]。

3.3.2　武汉城市圈规模产出竞争力分析

(一)规模产出竞争力指标的选取

　　本节分别选择工业总产值、利润总额、固定资产净值三个指标来衡量武汉市城市圈制造业的规模产出竞争力。工业总产值是以货币表现的工业企业在报告期内生产的工业产品总量;利润总额是指企业在生产经营过程中各种收入扣除各种耗费后的盈余,反映企业在报告期内实现的盈亏总额;固定资产净值也称为折余价值,是指固定资产原始价值或重置完全价值减去已提折旧后的净额。

　　本节以武汉市为核心,拟运用 2010 年和 2014 年《武汉市统计年鉴》中 31 个制造业子行业的工业总产值、利润总额及固定资产净值来分析武汉市城市圈制造业各个行业的规模产出竞争力。然而,2011 年《武汉市统计年鉴》中汽车制造业数据缺失,化学纤维制造业关于工业总产值和固定资产净值年平均额的数据缺失;2011 年《武汉市统计年鉴》中将橡胶和塑料制品业作为一个行业,而 2014

---

　　①　许敬岩. 安徽省装备制造业竞争力研究[D]. 兰州:兰州大学,2014.

年《武汉市统计年鉴》将其分为橡胶制品业、塑料制品业两个行业。所以,最终确定研究样本为武汉市制造业 27 个子行业。

(二)规模产出竞争力分析

1. 武汉市制造业各行业工业总产值对比

表 3-11 武汉市制造业各行业工业总产值及占比情况

制造业子行业	工业总产值				2013 年排序
	2009 年		2013 年		
	产值(亿元)	占比(%)	产值(亿元)	占比(%)	
农副食品加工业	158.71	3.30%	346.86	4.88%	7
食品制造业	71.03	1.48%	132.95	1.87%	15
饮料制造业	77.24	1.61%	217.16	3.06%	13
烟草制品业	257.39	5.35%	513.25	7.22%	4
纺织业	43.16	0.90%	88.88	1.25%	16
纺织服装、鞋、帽制造业	39.37	0.82%	82.9	1.17%	17
皮革、毛皮、羽绒及其制品业	2.7	0.06%	11.02	0.16%	26
木材加工及竹、藤、棕、草制品业	5.3	0.11%	19.5	0.27%	24
家具制造业	5.32	0.11%	13.28	0.19%	25
造纸及纸制品业	52.24	1.09%	77.89	1.10%	18
印刷业和记录媒介的复制业	41.32	0.86%	75.79	1.07%	19
文教体育用品制造业	1.45	0.03%	31.94	0.45%	22
石油加工、炼焦及核燃料加工业	200.56	4.17%	389.36	5.48%	5
化学原料及化学制品制造业	95.72	1.99%	240.9	3.39%	12
医药制造业	1.37	0.03%	196.1	2.76%	14
非金属矿物制品业	109.15	2.27%	268.56	3.78%	11

续表 3-11

| 制造业子行业 | 工业总产值 | | | | 2013 年排序 |
| | 2009 年 | | 2013 年 | | |
	产值（亿元）	占比（%）	产值（亿元）	占比（%）	
黑色金属冶炼及压延加工业	1296.7	26.95%	927.6	13.05%	2
有色金属冶炼及压延加工业	25.54	0.53%	42.02	0.59%	21
金属制品业	119.75	2.49%	308.41	4.34%	10
通用设备制造业	184.48	3.83%	376.43	5.30%	6
专用设备制造业	105.26	2.19%	324.91	4.57%	9
交通运输设备制造业	1015.61	21.11%	325.18	4.58%	8
电气机械及器材制造业	277.98	5.78%	750.02	10.55%	3
通信设备、计算机及其他电子设备制造业	562.75	11.70%	1261.92	17.75%	1
仪器仪表及文化、办公用机械制造业	44.26	0.92%	48.78	0.69%	20
工艺品及其他制造业	12.83	0.27%	4.49	0.06%	27
废弃资源和废旧材料回收加工业	4.1	0.09%	31.35	0.44%	23

根据表 3-11 分析可知，从工业总产值的绝对值来看，2013 年通信设备、计算机及其他电子设备制造业（以下简称"通信制业"）和黑色金属冶炼及压延加工业（以下简称"黑色金属加工业"）依然保持强势地位，工业总产值分别为 1261.92 亿元、927.6 亿元，显著大于其他行业，分别位列第一、第二位。电气机械及器材制造业，烟草制品业，石油加工、炼焦及核燃料加工业的工业总产值位列其后。工艺品及其他制造业工业总产值相比其他行业的仍然差距较大，位列最后。

从各行业占武汉市制造业工业总产值的比重来看，与 2009 年相比，2013 年武汉市制造业子行业中交通运输设备制造业、黑色金属加工业、仪器仪表及文化办公用机械制造业（以下简称"仪器及办公制业"）、工艺品及其他制造业的总产值比重下降了。另外，通信制业以 17.75% 的占比位列第一，说明其仍然是推动武汉市制造业发展的主要力量。

2. 武汉市制造业各行业固定资产净值对比

表 3-12 武汉市制造业各行业固定资产净值及占比情况

制造业子行业	固定资产净值				2013 年排序
	2009 年		2013 年		
	净值（亿元）	占比（%）	净值（亿元）	占比（%）	
农副食品加工业	25.53	1.55%	46.61	2.03%	11
食品制造业	17.74	1.08%	22.75	0.99%	15
饮料制造业	29.81	1.81%	48.32	2.10%	10
烟草制品业	26.25	1.59%	29.27	1.27%	14
纺织业	13.95	0.85%	20.3	0.88%	16
纺织服装、鞋、帽制造业	6.36	0.39%	13.77	0.60%	19
皮革、毛皮、羽绒及其制品业	0.5	0.03%	0.74	0.03%	27
木材加工及竹、藤、棕、草制品业	0.98	0.06%	2.36	0.10%	24
家具制造业	1.47	0.09%	2.37	0.10%	23
造纸及纸制品业	16.74	1.02%	13.83	0.60%	18
印刷业和记录媒介的复制业	15.52	0.94%	18.52	0.81%	17
文教体育用品制造业	0.04	0.00%	4.68	0.20%	22
石油加工、炼焦及核燃料加工业	30.46	1.85%	55.56	2.42%	9
化学原料及化学制品制造业	21.94	1.33%	30.39	1.32%	13
医药制造业	28.74	1.75%	67.07	2.92%	8
非金属矿物制品业	46.91	2.85%	82.44	3.59%	6
黑色金属冶炼及压延加工业	814.93	49.50%	1110.68	48.34%	1
有色金属冶炼及压延加工业	2	0.12%	5.35	0.23%	21
金属制品业	31.45	1.91%	69.04	3.00%	7
通用设备制造业	80.18	4.87%	92.93	4.04%	5
专用设备制造业	20.71	1.26%	150.76	6.56%	3
交通运输设备制造业	245.49	14.91%	45.79	1.99%	12
电气机械及器材制造业	51.1	3.10%	134.8	5.87%	4
通信设备、计算机及其他电子设备制造业	106.79	6.49%	217.37	9.46%	2
仪器仪表及文化、办公用机械制造业	8.11	0.49%	9.54	0.42%	20
工艺品及其他制造业	1.67	0.10%	1.31	0.06%	26
废弃资源和废旧材料回收加工业	1.03	0.06%	1.32	0.06%	25

根据表 3-12 分析可知,从固定资产净值绝对值来看,除了造纸及纸制品业、交通运输设备制造业和工艺品及其他制造业以外,各个行业从 2009 年到 2013 年都取得了大幅度增加。其中,黑色金属加工业,通信制业与其他行业相比,优势明显,分别位列第一、第二位。2013 年,工艺品及其他制造业的固定资产净值仅为 1.13 亿元,与其他行业相比,仍然存在较大差距。从固定资产净值占比来看,2013 年与 2009 年相比,近半数的制造业占比有所下降。其中黑色金属加工业占比仍然最高,其下降了约 1 个百分点,下降幅度较小,说明与其他行业相比,其固定资产投资增速较快。

3. 武汉市制造业各行业利润总额对比

表 3-13　武汉市制造业各行业利润总额及占比情况

制造业子行业	利润总额				2013 年排序
	2009 年		2013 年		
	总额（亿元）	占比（%）	总额（亿元）	占比（%）	
农副食品加工业	10.02	1.48%	17.59	6.43%	6
食品制造业	9.68	1.43%	4.35	1.59%	16
饮料制造业	11.26	1.67%	10.18	3.72%	10
烟草制品业	176.1	26.09%	55.15	20.16%	1
纺织业	2	0.30%	3.34	1.22%	17
纺织服装、鞋、帽制造业	3.46	0.51%	4.59	1.68%	15
皮革、毛皮、羽绒及其制品业	0.27	0.04%	0.12	0.04%	25
木材加工及竹、藤、棕、草制品业	0.17	0.03%	1.76	0.64%	18
家具制造业	0.25	0.04%	0.29	0.11%	24
造纸及纸制品业	3.85	0.57%	1.67	0.61%	19
印刷业和记录媒介的复制业	4.24	0.63%	5.36	1.96%	14
文教体育用品制造业	0.12	0.02%	1.42	0.52%	21
石油加工、炼焦及核燃料加工业	55.03	8.15%	−0.66	−0.24%	27
化学原料及化学制品制造业	7.81	1.16%	10.29	3.76%	9
医药制造业	0.04	0.01%	23.4	8.56%	4
非金属矿物制品业	12.52	1.85%	17.39	6.36%	7

制造业子行业	利润总额				2013 年排序
	2009 年		2013 年		
	总额（亿元）	占比（%）	总额（亿元）	占比（%）	
黑色金属冶炼及压延加工业	75.88	11.24%	7.79	2.85%	12
有色金属冶炼及压延加工业	0.83	0.12%	0.63	0.23%	22
金属制品业	8.1	1.20%	11.62	4.25%	8
通用设备制造业	14.54	2.15%	21.36	7.81%	5
专用设备制造业	15.68	2.32%	9.2	3.36%	11
交通运输设备制造业	183.3	27.16%	1.56	0.57%	20
电气机械及器材制造业	26.04	3.86%	34.2	12.50%	2
通信设备、计算机及其他电子设备制造业	44.04	6.53%	24.69	9.03%	3
仪器仪表及文化、办公用机械制造业	6.67	0.99%	5.78	2.11%	13
工艺品及其他制造业	2.64	0.39%	0.59	0.22%	23
废弃资源和废旧材料回收加工业	0.4	0.06%	−0.14	−0.05%	26

根据表 3-13 分析可知,2013 年武汉市制造业各行业利润总额与 2009 年相比,大部分子行业大幅度提高,但是石油加工、炼焦及核燃料加工业,黑色金属加工业,专用设备制造业,交通运输设备制造业,废弃资源和废旧材料回收加工业利润总额有着较大幅度的下降。其中,石油加工、炼焦及核燃料加工业和废弃资源和废旧材料回收加工业的利润总额下降到负值。烟草制品业利润总额为55.15 亿元,排名第一,远大于其他行业。电气机械及器材制造业和通信制业利润总额分别位列第二、第三位,与其他行业相比增速较快。

在利润总额占比方面,2013 年与 2009 年相比,烟草制品业、工艺品及其他制造业有所下降;皮革、毛皮、羽绒及其制品业占比持平在 0.04%,而石油加工、炼焦及核燃料加工业,黑色金属加工业,交通运输设备制造业,废弃资源和废旧材料回收加工业的占比下降幅度较大,其中交通运输设备制造业的占比下降近26 个百分点。其他大部分子行业的利润总额占比都有不同程度的上升,特别是电气机械及器材制造业,上升了约 8 个百分点。

综上所述,通过工业总产值、利润总额和固定资产净值三种规模产出竞争力指标的分析对比,我们可以看到,通信制业在工业总产值方面排名第一,在利润总额和固定资产净值方面排名第二,说明其在规模产出竞争力方面拥有较强的相对优势。除此之外,黑色金属加工业在工业总产值方面排名第二,在固定资产净值方面排名第一,但是其在利润总额方面排名第十二,说明其在拥有的资产状况、产出水平即规模竞争力方面,与其他行业相比拥有绝对优势。但是应该看到,其在多项指标占比方面有所下降,说明其相对优势正在逐渐减弱。另外,皮革、毛皮、羽绒及其制品业,工艺品及其他制造业,废弃资源和废旧材料回收加工业多项规模产出指标与其他行业相比差距较大,实力相对最弱。

3.4　武汉城市圈制造业各行业的资产管理能力

3.4.1　制造业资产管理能力概述

资产管理能力,又称营运能力,是指企业营运资产的效率和效益,效率通常指资产的周转速度,效益则是指资产的利用效果。资产管理能力通常用于衡量企业管理人员经营管理、运用资金的能力,企业生产经营性资产周转的速度越快,表明企业资产利用的效果越好,效率越高。由于制造业企业具有资金需求大、项目回收期长、投资风险高等行业特性,企业应建立科学、合理、有效的企业营运能力指标,加强其资产管理的效率。制造业企业应保证资产实物形态的完整和完好,使资产保持高效运营状态,重视提高资产使用率和资产经营效率,定期进行资产设备的技术鉴定和资产评估,确保资产的保值增值。

2013 年,我国金融市场正式进入"大资管[①]"时代[②]。在 2014 年 PE 峰会上,诺亚财富董事局主席汪静波提出:"大资管时代的核心竞争力是资产管理能力。"在当今的经济发展环境下,制造业作为国民经济发展的重要组成部分,又具有资产设备投资大的行业特性,必须不断加强其资产管理能力,努力提高各项资产周转率,增加各项资产周转额,提高自身能力和核心竞争力。

---

① 资管,即资产管理,将资产托管给机构管理,大是一个泛指。
② 李淼,金煜."大资管"时代:VC/PE 迎来利好[N]. 中国经济导报,2013-12-26.

3.4.2　武汉城市圈制造业各行业资产管理现状

武汉城市圈是湖北省产业、人口最密集的区域,是全省经济增长的动力所在。根据表3-14分析可知,湖北省①制造业各行业的应收账款周转率基本呈下降趋势,其中石油化学工业和建材冶金行业下降幅度较大,石油化学工业应收账款周转率由2011年的8.6685下降到2014年的5.5250;建材冶金行业应收账款周转率由2011年的7.8774下降到2014年的3.4231。在存货周转率方面,轻工业呈明显上升趋势,由2.5202上升为3.9466,这主要是轻工业制造业存货单价较重工业而言要低,存货流动性较强,存货资产管理水平较高;石油化学工业和机械电子行业的存货周转率呈现出小范围下滑趋势,降幅分别为11.79％和17.93％。在流动资产周转率方面,轻工业、石油化学工业、机械电子行业基本呈较为稳定的状态。轻工业始终保持在1左右的行业水平;石油化学工业呈现小范围波动,总体而言较为稳定;机械电子行业始终保持在略高于0.5左右的行业水平,但与轻工业、石油化学工业相比差距较大;建材冶金行业在2013年出现较大下滑,幅度达到47.99％,在2014年度有所回升。在固定资产周转率和非流动资产周转率方面,湖北省制造业基本呈现出稳定上升的发展趋势,总体而言,机械电子行业、建材冶金行业、石油化学行业、轻工业呈从低到高的规律。综上可得,重工业制造业行业的资产管理能力低于轻工业制造业行业,这与重工业行业设备投资大、单项资产价值高等行业特性有关,但同时也与重工业制造业行业的资产管理能力有待提升有着密切的联系。目前,重工业行业缺乏专业的手段和先进的管理平台,同一集团内部无法及时掌握资产变化的情况。因此,相关企业需要引入科学的管理平台,将整个企业的资产管理整合为一个整体,使之既独立又统一。

---

① 注:因2009—2013年武汉城市圈制造业相关数据不具备完整性,而武汉城市圈相关经济指标约占湖北省经济总量的50％以上,本节以湖北省制造业各行业资产管理能力作为研究对象。

表 3-14　2011—2014 年湖北省制造业子行业资产管理现状一览表①

年份	制造业子行业	应收账款周转率	存货周转率	流动资产周转率	固定资产周转率	非流动资产周转率
2014	轻工业	6.1691	3.9466	1.0448	1.5482	1.1082
	石油化学工业	5.5250	2.9575	0.9621	1.2424	0.8496
	建材冶金行业	3.4231	2.5767	0.8333	1.2639	0.9254
	机械电子行业	2.6563	1.6745	0.5476	1.2692	0.8481
2013	轻工业	5.8513	3.5797	1.1420	1.5065	1.0830
	石油化学工业	5.3364	2.7025	0.8891	1.2517	0.8673
	建材冶金行业	3.4676	2.2755	0.6362	1.5428	1.1165
	机械电子行业	3.2280	1.5158	0.5669	1.4689	0.9209
2012	轻工业	6.3401	2.7398	1.0023	1.6198	1.1595
	石油化学工业	5.5700	2.8637	0.9102	1.2735	0.8587
	建材冶金行业	6.4242	2.8789	0.9415	1.2246	0.8660
	机械电子行业	2.1202	1.7122	0.5077	1.2170	0.8369
2011	轻工业	6.3159	2.5202	0.9900	1.5182	1.0820
	石油化学工业	8.6685	3.3062	1.0869	1.2019	0.8229
	建材冶金行业	7.8774	2.5757	0.9223	1.0243	0.7937
	机械电子行业	2.6206	1.7955	0.5681	1.1218	0.7866

3.4.3　武汉城市圈制造业各行业资产管理能力的实证分析

本节将通过研究杜邦财务分析体系(图 3-11)确定湖北省制造业各行业的资产管理评价指标,构建多元线性回归模型评价制造业各行业资产管理水平。杜邦分析法利用几种主要财务比率之间的关系来综合分析企业经营管理状况,最早由美国杜邦公司提出,它将净资产收益率逐级分解为多项财务比率的乘积,

---

① 资料来源:2012—2015 年湖北统计年鉴。其中,轻工业包括表 3-1 中从序号 1 至 12 的行业,石油化学工业包括从序号 13 至 17 的行业,建材冶金行业包括从序号 18 至 21 的行业,机械电子行业包括从序号 22 至 31 的行业。下文分类同此。四大制造业行业的相关指标为具体子行业对应指标的平均值。

其公式为净资产收益率＝销售净利率×总资产周转率×权益乘数。本节主要的分析评价指标以各资产周转率为重点,通过其与净资产收益率的关系评价制造业各行业的资产管理能力。

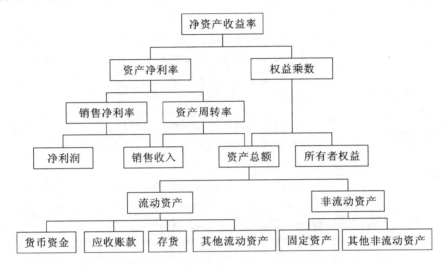

图 3-11　关于资产管理能力的杜邦财务分析体系

(一)资料来源及指标选取

1. 数据收集及处理

本节以 2012—2014 年湖北统计年鉴中制造业 31 个子行业相关财务指标为数据资源。2014 年湖北统计年鉴中缺少制造业具体行业的存货指标,以 2011—2013 年制造业存货占流动资产比率的平均数为基础进行核算。

2. 指标选取

资产管理能力是企业生产经营性资产的周转速度所反映出的企业获取利润的能力。本节选取衡量企业资产管理能力的六大常用指标(表 3-15)作为分析指标。以净资产周转率为因变量来衡量资产管理效益;以应收账款周转率、存货周转率、流动资产周转率、固定资产周转率、非流动资产周转率为自变量来衡量制造业各项资产管理效率。

表 3-15　六大常用指标及含义

指标名称	指标含义
净资产周转率 Y	反映企业净资产的获利能力,是净利润和净资产的比值,净资产周转速度越快,企业获利能力越强
应收账款周转率 X_1	反映企业回收款项能力和资产流动性,一定时期内应收账款周转次数越多,表明其回收力度越大,企业管理工作的效率越高
存货周转率 X_2	反映企业销售能力和资产流动性,是衡量企业生产经营中各环节运营和管理存货工作水平的一项综合性指标
流动资产周转率 X_3	反映企业流动资产的周转速度,生产经营上任何一项环节的工作得到改善,都会反映到流动资产的周转天数的缩短上来
固定资产周转率 X_4	反映企业固定资产周转情况,是衡量企业固定资产利用的充分性、投资的必要性、结构的合理性等方面的指标
非流动资产周转率 X_5	是指企业非流动资产的管理效率,是销售收入和非流动资产的比值,周转率越高,企业非流动资产管理效率越高

(二)模型建立与分析

本节以 2012—2014 年湖北统计年鉴中制造业 31 个子行业为研究对象,以具体行业的相关财务指标为数据资源,根据选取的自变量和因变量假设的多元线性回归模型为:

$$Y = \partial_0 + \partial_1 X_1 + \partial_2 X_2 + \partial_3 X_3 + \partial_4 X_4 + \partial_5 X_5$$

其中,∂_1、∂_2、∂_3、∂_4、∂_5 为各自变量对应的系数,∂_0 为随机误差项。本节利用 Excel 中多元回归数据分析模块对所选择的样本进行分析。具体如下:

表 3-16　湖北省制造业 31 个子行业 2011—2013 年资产管理能力的回归统计结果

年份	2011	2012	2013
线性回归系数	0.654424	0.742746	0.469208
拟合系数	0.428271	0.551671	0.220157
调整后的拟合系数	0.313926	0.462005	0.641878
标准误差	0.022351	0.018868	0.019997
观测值	31	31	31

年份	2011	2012	2013
自由度	5	5	5
方差	0.009355	0.010951	0.002822
均方差	0.001871	0.002190	0.009997
F 值	3.745406	6.152528	2.411543
伴随概率 sig	0.011445	0.000758	0.045331

根据表 3-16 分析可知,模型调整后的拟合系数不断变大,到 2013 年时达到 0.64,说明描述数据对模型的拟合程度越来越好。同时,模型方差分析的 F 值均大于 2,伴随概率 sig 均小于 0.05,进一步说明模型拟合的精确度较高。

表 3-17　湖北省制造业 31 个子行业 2013 年资产管理能力的回归分析

	系数	标准误差	t 统计量	假设概率	95％下限	95％上限
截距	0.0104	0.0122	0.8495	0.4036	−0.0148	0.0356
应收账款周转率 X_1	0.0005	0.0022	0.2276	0.8218	−0.0040	0.0050
存货周转率 X_2	0.0030	0.0069	0.4411	0.6629	−0.0112	0.0172
流动资产周转率 X_3	−0.0159	0.0293	−0.5429	0.5920	−0.0762	0.0444
固定资产周转率 X_4	−0.0570	0.0147	−3.8696	0.0007	−0.0874	−0.0267
非流动资产周转率 X_5	0.1281	0.0258	4.9554	0.0000	0.0748	0.1813

根据表 3-17 的回归分析结果,可以得出回归模型为:

$$Y = 0.0104 + 0.0005X_1 + 0.0030X_2 - 0.0159X_3 - 0.0570X_4 + 0.1281X_5$$

由回归模型有, X_5(非流动资产周转率)最能反映湖北省制造业净资产收益率的变化情况,且加强对非流动资产的整体管理能力对净资产收益率的效益为正,这与制造业设备投资金额大、项目回收期长、流动性较弱等行业特性相符。X_3(流动资产周转率)、X_4(固定资产周转率)也能较好地反映湖北省制造业净资产收益率的变化情况,但其对净资产收益率的效益为负。探究流动资产周转率对净资产周转率的效益为负的原因,一方面是受制造业行业特性的影响,制造业行业流动性较其他行业相比较小;另一方面是湖北省制造业子行业的流动资产周转率有待提高。2013 年湖北省制造业 31 个子行业中,流动资产周转率超过 2

的只有 1 个子行业,即石油加工、炼焦和核燃料加工业(2.05);流动资产周转率超过 1 的只有 7 个子行业,分别为农副食品加工业(1.59),纺织业(1.32),有色金属冶炼和压延加工业(1.23),皮革、毛皮、羽毛及其制品和制鞋业(1.14),食品制造业(1.11),家具制造业(1.06),非金属矿物制品业(1.04);其余 23 个制造业子行业的流动资产周转率均不足 1。探究固定资产周转率对净资产周转率的效益影响为负的原因,主要是湖北省制造业产能过剩,产能利用率低,相当一部分制造业行业还在继续加大投资,造成盲目投资,导致原有产能难退出、相继投入形成的产能又持续释放,进一步加大了产能过剩的影响[①]。X_1(应收账款周转率)、X_2(存货周转率)对湖北省制造业净资产收益率的变化情况相对不敏感,主要是受制造业行业流动性较小,31 个子行业中应收账款周转率高于 3.5 的有 18 个子行业,存货周转率高于 3 的只有 10 个子行业,应收账款周转率高于 3.5 且存货周转率高于 3 的只有 7 个子行业。

综上所述,在应收账款周转率方面,湖北省制造业各行业基本呈下降趋势;在存货周转率方面,轻工业呈明显上升趋势,石油化学工业和机械电子行业的存货周转率呈现出小幅变小趋势;在流动资产周转率、固定资产周转率、非流动资产周转率方面,湖北省制造业基本呈现出稳步变大的发展趋势。实证结果表明,非流动资产周转率最能反映湖北省制造业净资产收益率的变化情况,且对净资产收益率的效益影响为正;应收账款周转率、存货周转率对湖北省制造业净资产收益率的变化情况相对不敏感;流动资产周转率、固定资产周转率,能较好地反映湖北省制造业净资产收益率的变化情况,但其对净资产收益率的效益影响为负。从各子行业来看,石油加工、炼焦和核燃料加工业资产管理能力较好;农副食品加工业,纺织业,有色金属冶炼和压延加工业,皮革、毛皮、羽毛及其制品和制鞋业,食品制造业,家具制造业,非金属矿物制品业这七大制造业行业次之;其他制造业行业资产管理能力有较大提升空间。

参 考 文 献

[1] 肖田. 中国制造业的生产效率分析[D]. 哈尔滨:哈尔滨理工大学,2008.

[2] 2013 年中国制造业增加值在世界排名第一[EB/OL]. (2015-3-3). ht-

---

① 林火灿. 建立长效机制化解产能过剩[N]. 经济日报,2014-11-18.

tp：//www.chinairn.com/news/20150303/124150776.shtml.

[3] 杨国民. 重塑制造业竞争新优势——访国务院研究室工贸司司长张军立[EB/OL]. (2015-4-13). http：// www. miit. gov. cn/n11293472/n11293877/n16553775/n16553852/n16553906/16589735.html.

[4] 原鹏飞. 中国制造业生产效率变迁研究[D]. 西安：陕西师范大学,2006.

[5] 倪燕. 企业盈利能力分析[J]. 合作经济与科技,2007(17)：330-331.

[6] 朱春奎. 产业竞争力的理论研究[J]. 生产力研究,2003(6)：182-183.

[7] 徐长双. 企业获利能力分析评价指标的改进和完善[J]. 财会研究,2011(24)：134-135.

[8] 许敬岩. 安徽省装备制造业竞争力研究[D]. 兰州：兰州大学,2014.

[9] 袁桂秋,张玲丹. 我国制造业的规模经济效益影响因素分析[J]. 数量经济技术经济研究,2010(3)：42-44.

[10] 徐可莉. 外商直接投资对湖北省产业结构升级的影响研究[D]. 成都：西南财经大学,2014.

[11] 李淼,金煜. "大资管"时代：VC/PE迎来利好[N]. 中国经济导报,2013-12-26.

[12] 林火灿. 建立长效机制化解产能过剩[N]. 经济日报,2014-11-18.

4 武汉城市圈制造业一体化的模式研究

4.1 武汉城市圈制造业一体化的现状与问题

4.1.1 武汉城市圈制造业一体化的现状分析

武汉城市圈制造业基础较好,产业配套体系完善。武汉作为中国近代工业三大发祥地之一,从清末湖广总督张之洞创办汉阳钢铁厂起,就发展了初具规模的中国近代工业。新中国成立后,经过几十年的发展,武汉城市圈产业门类齐全,钢铁、汽车、光纤光缆、纱布、原盐、卷烟、纯碱等工业产品产量在全国位居前列,正在形成以汽车、机械装备为重点的机械工业,以钢铁为重点的冶金工业,以医药化工、石油化工为重点的化工工业,以纺织、服装为重点的轻纺工业和以光纤光缆、光电器件、激光、通信系统、软件等为重点的光电子信息产业等支柱产业。在现代服务业发展上,武汉地位更为突出,是全国第三大教育和科研中心,中部最大的商贸物流中心、金融中心。

目前,武汉城市圈产业总量在全省占据"半壁江山"。三大产业分别占全省的 47.3%、61.7%、66.7%。经济规模居中部各城市群之首,总体上进入工业化中期加速发展阶段。钢铁产量位居全国城市前列,汽车产业位居全国城市前三名,武汉光谷发展迅速,光纤光缆产量位居世界第二。武汉周边 8 个城市的产业发展水平虽然比较低,但基本上都形成了初具规模且具有一定比较优势的支柱产业,如黄石、鄂州、黄冈和潜江的医药产业群,武汉、孝感的机械制造产业群,黄石、鄂州、仙桃、天门等的轻工纺织及食品产业群。

4.1.2　武汉城市圈制造业一体化的问题分析

(一)武汉城市圈经济实力差异

在武汉城市圈中,武汉"一城独大",周边城市规模较小,经济实力较弱,有些城市只是行政区域单位上的市,而不是真正意义上的城市,称之为城市中心区更为恰当。这样一来,中心城市与周边城市难以实现互相促进、双赢的局面。而武汉城市圈目前单向的,甚至是扶贫式的增长模式,在没有利益共享的前提条件下,难以为继。根据表 4-1 分析可知,各城市之间的经济差异是非常显著的,武汉市在城市圈中的首要地位是绝对的,从人均 GDP 的角度来看,最高的城市为97402.59 元/人,是最低的黄冈的 4.08 倍;地方财政收入差距更大,武汉为1968.46 亿元,与第二位的孝感相差 18 倍以上;无论是社会消费品零售总额还是人均社会消费品零售额,区域内的差异也是非常明显的,武汉的社会消费品零售总额是 4369.32 亿元,而鄂州、仙桃等地则只有 200 多亿元;固定资产投资总额也呈现出同样的不平衡。这些说明武汉的辐射聚集效应没有得到充分的发挥,其他城市从武汉的经济辐射中得到的发展有限,武汉城市圈各城市发展极不均衡。

表 4-1　2014 年武汉城市圈各城市的主要经济指标

城市	总人口(万人)	人口密度(人/km²)	建成区面积(km²)	国民生产总值(亿元)	人均 GDP(元/人)	地方财政收入(亿元)	社会消费品零售总额(亿元)	固定资产投资总额(亿元)
武汉	1033.8	719.42	212.0	10069.48	97402.59	1968.46	4369.32	6962.53
黄石	244.92	565.13	55.0	1218.56	49753.39	89.38	519.71	1149.50
鄂州	105.88	638.33	42.0	686.64	64850.77	42.74	230.28	687.08
孝感	486.13	590.52	30.0	1354.72	27867.44	107.22	689.33	1482.93
黄冈	626.25	481.73	24.0	1477.15	23857.23	96.04	715.65	1657.59
咸宁	248.92	325.33	31.0	964.25	38737.35	70.76	361.77	1148.75
仙桃	116.60	765.21	25.8	552.27	47364.49	36.5	233.58	374.73
天门	129.16	839.07	24.0	401.86	31113.36	—	—	—
潜江	95.44	563.37	38.6	540.22	56603.1	—	—	—

资料来源:《湖北统计年鉴 2015》和 Wind 统计数据库。

(二)武汉城市圈产业结构差异

根据美国经济学家钱纳里(H. B. Chenery)的工业化发展阶段理论,三大产业的国际公认先进水平大致为 1∶3∶6,即第三产业比重应该大大超过第二产业。在武汉城市圈内,从三大产业结构来看,除了武汉的第三产业的比重略高于第二产业,呈现了"三二一"的产业结构以外,其他的城市均是"二三一"的产业结构。由此可知,武汉城市圈 9 个城市在经济发展水平、产业结构上存在着明显的异质性。由此对城市圈九个城市进行分类(表 4-2),可以将其分成两个大类、三个亚类。

表 4-2　武汉城市圈各城市产业结构比例

	第一产业生产总值(亿元)	第二产业生产总值(亿元)	第三产业生产总值(亿元)	第一、第二、第三产业之比(%)
湖北省	3176.89	12852.40	11349.93	11.6∶46.9∶41.5
武汉市	350.06	4758.66	4933.76	3.5∶47.4∶49.1
黄石市	105.03	726.45	390.08	8.6∶59.5∶31.9
鄂州市	81.15	407.19	198.30	11.8∶59.3∶28.9
孝感市	252.17	664.36	438.19	18.6∶49.0∶32.4
黄冈市	375.12	586.10	515.93	25.4∶39.7∶34.9
咸宁市	172.03	476.59	315.63	17.8∶49.4∶32.8
仙桃市	83.96	295.99	172.32	15.2∶53.6∶31.2
潜江市	—	—	—	
天门市	—	—	—	

资料来源:湖北省统计局网站和 Wind 统计数据库。

第一大类Ⅰ:产业结构表现为第三产业比重大于第二产业比重,并且第二产业比重大于第一产业比重。属于这一类的城市只有武汉。从经济发展水平来看,武汉总的 GDP 和人均 GDP 均远远高于城市圈内其他城市;从产业结构来看,产业结构表现为三二一结构,呈现出由传统产业向现代产业的升级换代趋势,表明城市发展进入工业化中后期阶段。主要原因是:武汉不仅是武汉城市圈的核心城市,而且是华中地区的中心城市,在教育科研、商贸金融、交通通信、信息服务等行业具有区际意义。另一方面,还应看到武汉的三二一产业结构的形成是建立在第二产业增长较为缓慢的基础之上的,并且武汉第三产业的发展规模与水平,与长三角、珠三角、环渤海区域经济综合体的核心城市第三产业的相比,还有相当的差距。

第二大类Ⅱ:产业结构表现为第二产业比重大于第三产业比重,并且第三产业比重大于第一产业比重。这是除武汉市外的其他8个城市的类型。在此基础上,参照城市经济发展水平及三大产业所占比重状况可将该类进一步划分为三种亚类。黄石、鄂州、潜江3个城市的第二产业比重超过50%,第三产业比重也较大,第一产业比重较小,经济发展水平较高,将其划为第一亚类Ⅱ1。黄石、鄂州不但紧邻武汉,而且与武汉的产业联系比较紧密,不但对武汉的产业转移和功能辐射有较强的接受能力,同时又对周边地区具有较强的辐射作用,中心职能较为突出,潜江第二产业为主导产业,工业职能相当突出,这一类型城市产业结构发展可以认为已进入工业化中期阶段。孝感、咸宁、仙桃、天门4个城市属于第二亚类Ⅱ2,第二产业比重均在40%以上,但略高于第三产业,第一产业比重相对偏大。这类城市产业结构整体上较为优越,经过不断调整,将向第一亚类Ⅱ1过渡,发展潜力较大,这类城市处于工业化前中期。黄冈市属于第三亚类Ⅱ3,第一产业比重较大,第二、第三产业比重比例基本相当,第二、第三产业优势不显,城市化滞后,城市中心职能弱,经济发展水平较低,应当加快第二、第三产业发展,黄冈市目前处于工业化前期。

总体来看,武汉市第三产业所占比重超过城市圈整体7个百分点。说明城市圈内部差异较大,武汉市产业结构明显优于其他周边城市,周边城市实力较弱,短期内难以与中心城市形成分工协作关系。

从工业内部结构看,城市圈内产业结构偏重工业。由于重工业对资源、能源消耗较大,因而城市圈偏重的工业结构会使得经济增长方式较为粗放,从而导致武汉城市圈生态环境承载压力较大,节能减排的任务难以完成。因此做好节能减排工作的关键是产业转型升级,这包括两个层面:一是对高消耗、高污染的小企业进行关闭,完成产业转型;二是对污染企业进行技术改造,实行产业升级,例如增加后处理措施,如尾气回归、废气净化、废渣利用等。因此,应从各个城市的比较优势出发,合理发展重工业,促使产业结构升级软化,逐步淘汰技术落后、能耗较高的企业。

从服务业内部结构来看,城市圈内中心城区服务业发展功能单一,商贸、交通运输、餐饮等传统服务业比重过大,金融、信息、咨询、物流等新兴服务业所占比重较低。以武汉市为例,2013年以交通运输、仓储邮政业、批发零售、住宿和餐饮业为代表的传统服务业占服务业比重的 43％；以信息传输、计算机服务、软件业、金融和房地产为代表的现代服务业仅占 30.9％。同时，服务业的行业分布、企业层次还不够合理，规模大、具有品牌效应、技术含量高的龙头企业还不够多，现代服务业的主导地位还未完全确立，与现代化中心城区的功能定位的要求还不相适应。

(三)武汉城市圈产业关联度

产业关联度是指产业与产业之间通过产品供需而形成的互相关联、互为存在前提条件的内在联系，是衡量一个区域产业布局优劣的重要因素之一。一般来说，主导产业与非主导产业之间关联度较大，则可以将其产业优势辐射到区域内的相关行业，带动区域经济协调发展。而武汉城市圈内产业同构现象严重，各城市之间产业关联度低，城市间产业无法顺利对接，产业的梯度发展格局与一体化布局框架尚未形成。

首先，从大型企业个数和工业总产值等指标来看，城市圈制造业整体上趋于集中，武汉、黄冈和孝感 3 个城市产业集聚较多，如表 4-3 和图 4-1 所示。

表 4-3　武汉城市圈各城市企业数量和工业总产值

城市	工业企业数量(个)	工业总产值(亿元)
武汉市	2454	12224.03
黄石市	731	2196.72
鄂州市	541	1359.24
孝感市	1251	2482.09
黄冈市	1413	1757.46
咸宁市	896	1700.79
仙桃市	396	964.00
潜江市	273	1032.28
天门市	300	731.08
合计	8255	24447.69

资料来源:《湖北统计年鉴 2015》。

尽管武汉城市圈制造业的行业集聚程度较高，产业集聚现象明显，武汉市工业总产值占城市圈总体比重为 50％，但这种集聚的分工和专业化程度不高，整个城市圈还没有形成科学、完善的分工体系。

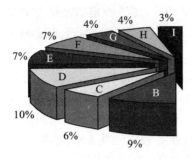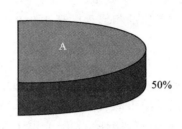

A：武汉市
B：黄石市
C：鄂州市
D：孝感市
E：黄冈市
F：咸宁市
G：仙桃市
H：潜江市
I：天门市

图 4-1　武汉城市圈各城市工业总产值所占比重

资料来源：《湖北统计年鉴 2015》。

产业同构是导致各城市产业之间关联度不高的直接原因。为了对武汉城市圈产业结构相似程度进行分析，现引入一个定量指标，即结构相似系数。其计算公式为：

$$S_{AB} = \frac{\sum_{i=1}^{n} X_{Ai} X_{Bi}}{\sqrt{\sum_{i=1}^{m} X_{Ai}^2 \sum_{i=1}^{n} X_{Bi}^2}} \tag{4-1}$$

其中，S_{AB} 表示两地产业结构的相似系数，X_{Ai} 代表 A 地的 i 产业的 GDP，X_{Bi} 代表 B 地的 i 产业的 GDP。$0 < S_{AB} < 1$，如果 $S_{AB} = 1$ 则表示结构完全一致，如果 $S_{AB} = 0$ 则表示结构完全不一致。S_{AB} 数值较大，说明两个区域产业结构同构现象严重；S_{AB} 较小，说明两地产业相似度不高，差异较大。

武汉城市圈产业结构相似系数见表 4-4。

表 4-4　武汉城市圈产业结构相似系数

	武汉	黄石	鄂州	孝感	黄冈	咸宁	仙桃	天门	潜江
武汉	1								
黄石	0.950	1							
鄂州	0.932	0.998	1						
孝感	0.944	0.980	0.984	1					
黄冈	0.919	0.926	0.932	0.982	1				
咸宁	0.948	0.982	0.985	0.999	0.980	1			
仙桃	0.945	0.993	0.995	0.996	0.962	0.997	1		
天门	—	—	—	—	—	—	—	1	
潜江	—	—	—	—	—	—	—	—	1

资料来源：根据《湖北统计年鉴 2015》相关数据计算而得。

由相似系数可知各个城市的产业趋同现象严重。其结构相似系数都在 0.9 以上,其中咸宁与孝感的相似程度高达 0.999。如此高的相似度,严重影响了其整体优势和综合经济效益的发挥。

如果城市间在相同产业内部形成产业关联,不论是技术关联还是生产链上下游的关联,则城市间就形成了产业内部的分工与协作,这种情况不属于产业同构问题。但是,武汉城市圈的现状是中小城市产业结构趋同,中心城市与周边地区产业关联度低。汽车、钢铁、石化、光电子等行业有较强的龙头企业,但主要聚集于武汉市,而周边城市却缺乏具备一定生产能力的、能与之关联的配套生产企业。武汉城市圈内各主导产业雷同,区域产业分工和空间开发的重点与优先区域不够明确,缺乏统一协调和整体联动,从而影响了武汉市主导产业的对外扩散和辐射作用。

城市圈内行政割据是产业一体化框架未能形成的深层次原因。城市圈内部行政割据现象严重,"双赢"意识不强,资源的共享、共用、整合不够,在政绩的驱动下,各地重复布点,低水平重复建设,忽视了产业布局的梯度层次,圈域内上下游产业配套能力较弱,从而影响产业一体化框架的形成。

(四)武汉城市圈经济联系强度

地理学家塔费(E. J. Taaffe)认为,"经济联系强度同它们的人口乘积成正比,同它们之间的距离成反比"。城市之间的经济联系强度是用来衡量城市之间的经济联系大小的指标,既反映了经济中心对周围地区的辐射能力,也反映了周围地区对经济中心辐射潜能的接收能力。在计算联系强度时主要选取了人口、国民生产总值、交通距离指标进行定量分析,城市之间的经济联系强度的计算公式为:

$$L = (P_i V_i \times P_j V_j)/D_{ij} \qquad (4\text{-}2)$$

式(4-2)中,L 为城市 i 与城市 j 之间的经济联系强度;P_i、P_j 和 V_i、V_j 分别为某年 i 市和 j 市的人口及国民生产总值;D_{ij} 为 i 市和 j 市之间的交通距离。

由式(4-2)计算得出武汉城市圈中,武汉作为华中地区的特大城市和湖北省经济、文化、政治中心与周边城市的联系强度,见表4-5。

表 4-5 武汉与城市圈中其他城市的经济联系强度

城市	黄石	鄂州	孝感	黄冈	咸宁	仙桃	天门	潜江
武汉(L)	7.875	1.933	36.855	34.673	4.876	0.328	0.239	0.594

资料来源:《湖北统计年鉴 2015》和《湖北省交通地图册 2011》。

　　根据表 4-5 分析可知,圈内城市与武汉的经济联系强度的差异极其明显。因此,加强 9 个城市制造业一体化的分工与协作,加快 9 个城市产业结构升级并提升产业关联度,加快 9 个城市之间的通道建设非常必要。

4.2　武汉城市圈制造业一体化存在问题的成因分析

4.2.1　中心城市聚集效应大于扩散效应

　　缪尔达尔(1974)认为,社会经济发展过程是由产出、收入、生产、生活水平、制度与政策等六个因素间相互作用、互为因果、循环积累的非均衡的、动态的发展过程。其中任何一个因素的"起始的变化"都会引致其他的因素发生相应的变化,并促成初始因素产生"第二级强化运动"。这些不断循环与往复的累积,最终会引起经济过程按照初始因素发展的方向发展。据此,缪尔达尔提出这种循环因果积累运动的正负两种效应:"聚集效应"(回波效应)与"扩散效应"。"聚集效应"是指发达地区(增长极)对周围落后地区的阻碍作用或不利影响即负面效应,这种效应将使各种生产要素回流与聚集到发达地区(增长极),从而产生一种扩大发达地区(增长极)与周边地区间经济发展差距的运动趋势。"扩散效应"是指发达地区(增长极)对周围落后地区的推动作用或有利影响即正面效应,在该效应的作用下,各种生产要素将从发达地区(增长极)向周围落后地区扩散,从而产生一种缩小发达地区(增长极)与周边地区间经济发展差距的运动趋势。

　　由上述分析可知,城市圈经济一体化的发展过程中也必然会产生这两种效应,在"聚集效应"阶段,为获取更多的收益,城市圈内的各种生产要素与资源都将转移到中心城市,此时,聚集效应对于中心城市来说会产生规模报酬递增效应,而对城市圈内的其他周边城市而言则属于"吸血式"的"黑洞"效应。此时,城市圈内经济实力差距较大,中心城市的发展处于绝对的领先地位,周边城市相对较弱。但是当中心城市的经济发展到一定的规模以后,就会对周边地区产生"反哺"作用,中心城市的资本、技术、人才等生产要素与资源将会流向周边地区,从而带动周边地区的发展,中心城市与周边地区的融合不断加强,差距也不断缩小,城市圈内的一体化程度随之加深。此时,中心城市对周边城市的影响会由"吸收"转变为"扩散"或者"辐射",从而产生"扩散效应"。中心城市与周边城市的联系将进一步加强,融合将进一步加深,一体化程度将得到提高。因此,中心城市的发展阶段决定了城市圈一体化的发展阶段,中心城市规模的大小将决定其对周边城市影响能力的大小,中心城市能量的大小将决定着所能影响的城市圈的范围的大小,中心城市服务能力的高低也将决定着城市圈一体化的程度的高低。

国内外城市化的实践表明,中心城市的繁荣昌盛是城市圈发达的前提,城市圈发展的过程从某种意义上来说就是中心城市能量聚焦与扩散的过程。武汉是整个城市圈中无可争议的中心城市,但是与其他城市圈的中心城市相比,不够强大的经济实力大大削弱了武汉对其城市圈在区域经济活动中的辐射带动能力。2014 年武汉 GDP 首破万亿,达到 10069.48 亿元,列全国第八,但与其他城市圈中心城市,如上海(2014 年 GDP 为 23560.9 亿元)、北京(2014 年 GDP 为 21330.8 亿元)、广州(2014 年 GDP 为 16706.87 亿元)、深圳(2014 年 GDP 为 16001.98 亿元)相比还有很大的差距。此外,武汉城市圈内的各城市中,武汉也是"一枝独秀"。从经济综合实力来看,武汉城市圈内 9 个城市的差距较大,例如,2014 年武汉市 GDP 约是武汉城市圈内孝感、咸宁、鄂州、黄冈、仙桃 5 个城市 GDP 总量的 2 倍。2014 年武汉市的人均 GDP 约是黄冈的 4.5 倍、孝感的3.5 倍、鄂州的 1.45 倍。如此明显的发展不对称现象表明武汉城市圈还处于"聚集效应"的发展阶段,表现为各种生产要素及资源还处于向武汉大规模转移的阶段,这在一定程度上将对武汉城市圈内其他城市的发展造成阻滞。武汉市"一市独大、一强众弱"的发展格局严重影响了武汉城市圈内各城市的平等交流、产业辐射和一体化进程。

4.2.2　市场体系和市场机制发展不完善

市场体系是指随着社会化大生产和社会分工的发展所形成的以商品市场为主体,包括生产要素市场、金融市场等在内的相互影响与作用的各种类型市场的有机统一体。市场机制是保证市场正常运转的实现方式,它主要通过价格来调节市场的需求与供给,实现资源的优化配置。发挥市场机制在资源配置中的基础性作用,必须培育和发展市场体系。要实现城市圈制造业一体化,一方面要建立起比较健全与发达的市场体系,另一方面要充分发挥市场机制对城市圈内生产和流通的调节作用。目前,武汉城市圈内各城市的市场体系经过多年的建设已有了长足的发展,但是城市圈市场一体化程度不高,市场体系和市场机制发展并不完善,这严重阻碍了武汉城市圈制造业一体化的进程。

(一)武汉城市圈制造业产业发达、市场落后

武汉城市圈内各城市都比较重视产业优势,依托武汉作为传统的制造业基地的优势,武汉城市圈目前已经发展形成了汽车与机械制造、钢铁、石油化工、电子信息等四个较为发达的支柱产业。但是与这些产业相对应的商品市场、物流市场发展则相对落后。比如汽车、钢铁、电子信息、轻工食品、医药等产业在武汉城市圈甚至全国虽然都具有生产优势,但在武汉城市圈内基本上还没有形成在全国有影响的大型专业市场,这使得这些产业发展所必需的部分原材料的采购和产品销售仍需要企业"深购远销",城市圈内的市场一体化程度也不高。另外,城市圈内即便有一些专业市场,但是由于这些专业市场间存在市场壁垒,致使产品流动在城市圈内被人为地限制,这使得城市圈内与产业互动密切、具有较强的区域性辐射能力的大型批发企业与专业特色市场较少,"小而全"的综合性市场偏多。就汽车制造业而言,武汉城市圈是我国国内汽车产业的一个主要聚集地,但是汽车的销售市场规模却不大,并且辐射力也比较有限,汽车的销售大都依靠企业自身,通过本地的专业市场进行销售的额度较小。而与汽车制造相关联的零配件市场及服务市场更是落后。这说明本地市场建设大大落后于产业的需要。这种情况也普遍出现在钢铁、电子信息、建材等产业中。

此外,制造业的发展还需要发达的物流市场,依靠"九省通衢"的地理优势,武汉成为中部地区重要的物流枢纽。武汉的物流量在副省级城市中排名靠前,但是武汉的物流市场发展还处于传统阶段,主要以货运和仓储运输为主。当前物流市场的发展主要取决于物流成本的高低,武汉城市圈物流市场对制造业来说存在仓库供不应求、未形成以第三方物流主导的物流园区、物流园区与制造业板块联系不紧密、港区与铁路等优质交通资源利用率不高等瓶颈。这些瓶颈使武汉先天所具有的区位优势难以转化为市场和服务优势,物流行业整体经营成本较高,运行效率较低,进而影响武汉城市圈制造业一体化进程。

在市场经济条件下,企业和产业的营销必须依靠发达的市场体系和相关的服务体系,而不是单靠企业独自"包打天下",为适应市场经济的发展,加大产业的竞争力,企业的营销环节必须"走出去",要走社会化与专业化的道路。产业如果能与市场实现有机结合与统一,将会不断提高两者的竞争能力与经营效率,实现两者的"共赢"。武汉城市圈的产业发展与市场脱节,在很大程度是受到了过去计划经济的影响。没有一个发达的市场体系和服务体系,本地制造业的营销效率是有限的,这将使其竞争力大打折扣,也将降低整个行业的一体化水平。

（二）武汉城市圈市场体系发育不平衡

武汉城市圈市场体系发育不平衡主要体现在两个方面：

一是区域布局不平衡。圈内市场体系高度集中于武汉，周边城市的市场发育则明显落后。以金融市场为例，2014 年武汉市存款总额占武汉城市圈的 69.44％，存贷差仅占武汉城市圈的 33.8％，而贷款总额却占武汉城市圈的 81.12％，高出存款总额比重近 12 个百分点，金融资源向武汉市倾斜的现象在进一步加深（表 4-6）。另外，就消费品市场的布局而言也是武汉市"一城独大"，武汉市占了武汉城市圈社会消费品零售总额的 63.7％，武汉远郊区、周边中小城市相对实力较弱。

表 4-6　2014 年武汉城市圈金融机构存贷款额分布表（亿元）

	存款总额	贷款总额	存贷差
武汉	16268.71	14463.40	1805.31
黄石	1006.5	476.84	529.66
鄂州	449.2	303.5	145.7
孝感	1613.55	785.56	827.99
黄冈	1955.95	811.32	1144.63
咸宁	891.72	553.3	338.42
仙桃	428.37	159	269.37
天门	390.51	127.02	263.49
潜江	424.4	150.46	273.94
武汉所占比重	69.44％	81.12％	33.80％

资料来源：湖北省统计局网站及各个城市统计局网站。

二是市场结构不平衡。武汉城市圈内消费品市场和生产要素市场发展不均衡：消费品市场较多，生产要素市场发育则不足。

2013 年武汉市场城镇居民的可支配收入不到 3 万元，但人均消费品零售额却接近 3.5 万元，这种独有的现象表明武汉的消费品市场比较发达，对周边地区有较强的凝聚力。就武汉城市圈较为发达的消费品市场来说，武汉城市圈的生产要素市场，比如人才和劳动力市场、技术市场都处于起步阶段，土地价格的市场化还没有形成。生产要素市场发育水平低，已成为武汉城市圈市场体系建设中的薄弱环节。生产要素市场不发达,使得武汉城市圈内资本、人才、信息、技术等生产要素流通不畅,整个城市圈内资源配置的水平和效率都比较低。

此外,武汉城市圈的金融市场发展也不完善,市场化程度还不高,难以满足多数企业和产业发展的要求。2014 年,武汉城市圈存款总额达 23428.91 亿元,但贷款总额仅为 17830.4 亿元,存贷差达 5598.51 亿元。武汉城市圈现有的金融资源不能很好地为产业和区域经济发展服务,除货币市场外,多层次的资本市场没有形成,企业融资过多地依赖间接融资,直接融资比重过低。

(三)武汉城市圈内还存在较为严重的市场壁垒

虽然各城市在发展战略上加强了与武汉市的互动发展,在经济联系强度上,一些城市与武汉的经济联系强度较高,明显高于圈内其他城市。例如黄冈、孝感与武汉的经济联系强度分别达到 34.673 和 36.855(表 4-5),成为武汉城市圈内经济效应最强的城市密集区,但是一体化的发展势态还未凸显。依靠市场力量推进一体化和同城化建设,是国内外都市圈、城市群发展的基本规律。武汉城市圈各项建设在政府的推动下取得了明显的成绩,青阳鄂大循环经济示范区、梁子湖生态旅游示范区、汉孝临空经济区、城际铁路等区域合作项目加快了武汉城市圈一体化的进程。但是武汉城市圈也存在着没有正确处理政府与市场的关系、各地政府对经济活动干预较多、市场机制运用不充分、经济发展各自为政的现象。同属城市圈,城市之间的壁垒仍然存在,圈内各城市不同程度地存在市场准入、质量技术标准、行政事业性收费、户籍制度等形式的地方保护。

总之,武汉城市圈市场体系建设的总体水平不高、结构和分布不合理。资金、技术、劳动力等生产要素的市场优势不能互补。行政区划壁垒、市场壁垒依然存在,相关法律法规不健全,缺乏统一的市场监管机制。这些都成为武汉城市圈制造业一体化的重要外在制约因素。

4.2.3 武汉城市圈制造业的产业链条不完善

产业链条是否完整取决于产业链的长度和关联度,产业链越长,关联度越高,其产业链条就越完整,对该地区经济的带动作用就越大,产业集群的竞争力也就越强,其一体化程度也就越高。产业链条的完善与否将直接影响产业的一体化进程。目前,武汉城市圈制造业的产业链条不完善,主要表现在以下几个方面:

(一)产业分工与专业化程度较低使得产业链条关联度较差

在武汉城市圈制造业产业集群建设过程中,地方行政划分使得武汉城市圈制造业在进行产业集群建设时无法进行整体布局,很难从整体上对产业的分工及互补进行规划,各个城市间不能做到分工明确,错位发展。这导致低水平的重复建设比比皆是,武汉城市圈制造业的产业趋同现象严重,产业集群重复建设众多,产业集群缺乏相互联系及配套支持。集群企业之间缺乏分工协作,缺乏横向整合,上游企业缺乏下游产业的配套与协作,集群内为大企业提供专业化配套服务的中小企业不仅缺乏而且不发达,使得大企业要么"大而全",要么"两头在外"(即采购和销售市场都在外),与区内企业关联不多,制约了产业纵向分工的细化、深化和专业化,集群效应难以发挥。比如,东风汽车集团在选择供应商时,大多倾向于选择湖北以外的配套水平较高的供应商;而光电产业集群所需要的配套产品和服务大部分也是从国外进口的。

(二)产业链条长度不够降低了产业的整体力量

2008 年爆发的国际金融危机对发达经济体的经济造成重创。之后,为恢复经济,一些经济国家提出"再工业化"、"制造业复兴"等战略,这些国家的企业陆续将海外生产线迁回本国,或在本国投资开办新厂,出现了产业从发展中国家回流的态势。这些回流到发达国家的产业往往不是一般的产业,而是属于拥有先进技术的高端制造业,这巩固了发达国家在全球产业格局中的领先地位。武汉城市圈的制造业在全国来说虽然也占据领先地位,但在世界制造业体系中,仍处于制造业全球产业链的中低端,大部分的企业都处于模仿与仿制阶段,自主研发能力低下,产品附加值低、技术含量不高,创新能力较差,其产业链条长度不够,没有形成完整的产业链,集群内现有企业更多的是散兵作战,产业的整体力量还没有形成,影响了城市圈制造业一体化的程度。

4.3 武汉城市圈制造业一体化的机制与路径探索

4.3.1 武汉城市圈发展制造业一体化的机制探索

建设"两型社会",实现中部崛起,促进区域协调发展,再次寻找可持续发展的动力机制,打造中国区域经济新增长极是武汉城市圈社会和经济的发展目标。

武汉城市圈将形成以武汉为核心城市,武汉与周边8个城市优势互补、资源共享的城市圈经济一体化格局。但是,9个城市的发展各有特点,各个经济体的发展有其自身的规律,因此,制定武汉城市圈制造业的发展战略需要因地制宜、因时而变。为了使武汉城市圈能更好地发挥"两型社会"综合配套改革实验区作用,探索武汉城市圈发展制造业一体化的机制和具体路径成了建设和发展圈内制造业的重要内容。实现武汉城市圈制造业一体化的机制可以分为以下三个方面:

(1)武汉城市圈内制造业整体转型优化升级。首先,发展壮大传统制造业,壮大支柱产业,如汽车、钢铁、石化三大产业。提高生产效率,提高传统制造业技术水平,推动传统产业的规模化生产,强化传统产业的比较优势。其次,扶植和推进高新技术产业,如电子信息、生物、新材料、新能源产业。再次,提高第三产业占GDP的比重和发展水平。

(2)规划制造业一体化的层次和格局。武汉城市圈内各城市的经济实力不均衡,使得制造业一体化发展缺少有力的基础。仅仅武汉市一家独大,不能带动整个城市圈经济的发展。要合理规划圈域内各城市制造业发展的重点和层次,建立协同发展的一体化体系。突出各城市间的分工与合作、重点产业的发展壮大、产业集群的形成、第三产业的后发优势,着力完善和延伸重点产业链,壮大产业集群。其中,武汉市以发展第三产业、高新技术产业、"互联网＋"等为重点,武汉市周边城市以发展传统产业和产业链中下游产业为主。在制造业整体分布上,武汉市强化制造业的绝对优势,其他8个城市则重点强化比较优势,发展各具特色的优势产业。

(3)武汉城市圈发展目标。要促进区域协调发展,夯实武汉城市圈"两型社会"综合配套改革试验区建设的基础。武汉城市圈内的制造业企业要以国家的宏观政策和规划作为指导,振兴产业,节能减排,进一步巩固改革开放的成果。传统制造业不能再走高污染、高能耗、高度依赖资源消耗的老路,要顺应国家制造业改革的大势,提高生产效率,进行产业结构升级,实现可持续发展。

4.3.2 武汉城市圈制造业一体化的具体路径探索

(1)发展生产力,调整产业结构。鼓励各地区发展比较优势,发展特色产业,在壮大产业集群基础上形成和完善跨区域的产业链、价值链。

在第一产业的发展规划上,建设6大优势农产品产业带和8大特色农产品基地。据分析,武汉市和黄冈市在第一产业上具有绝对优势,黄冈、孝感、咸宁和天门市具有农业生产的比较优势。虽然根据比较优势理论,应该使武汉市重点发展具有比较优势的第三产业，以实现社会化大分工和资源最优配置，然而第一产业是最为基础的产业，对人民生活至关重要，因此武汉市不能放弃发展第一产业。在实现路径上，应由武汉市带动周边城市农业发展，建设农产品产业带和农产品基地，最终实现农业现代化。

在第二产业的发展规划上，以武汉市为主中心，以黄石市为副中心，以其他7个城市为次中心，建设汽车、电子信息、钢铁、有色冶金、石油化工、盐化工、纺织服装、造纸及包装、建材及建筑业、农副产品加工等十大产业链。保持武汉市经济增长的"马太效应"，即竞争力越强的城市（长沙、武汉），其增长速度也就越快，增长幅度越大。发展圈域内46个产业集群，其中以光电子通信、电子信息、汽车制造、钢铁及深加工、金属制品、石油化工、盐化工、医药工业、纺织、建材、服装、造纸及包装、食品、饮料等14个产业集群为发展的重点。建设七大特色产业带：以武汉东湖新技术开发区为龙头，包括鄂州、黄冈、黄石的高技术产业带；以武钢为龙头，包括鄂州、黄石的冶金-建材产业带；以武汉开发区为龙头的环城市圈汽车零部件产业带；以武汉经济技术开发区和武汉吴家山海峡两岸科技园为龙头的环城市圈IT设备及电器、电子元器件产业带；以武汉为龙头，包括仙桃、潜江、黄石、鄂州、黄冈、孝感、咸宁的环城市圈纺织服装产业带；以武汉为龙头，在城市圈西侧建设包括孝感、天门、潜江的化工产业带。根据前文对制造业的分析，黄石、鄂州与武汉的产业联系最紧密，黄石、鄂州市地理上距离武汉市最为接近，且第二产业所占比重最大，已经进入工业化中期阶段，应合理规划其产业布局。潜江、仙桃作为服装业基地，天门作为湖北省产棉之乡，可以合作建立以轻工纺织、服装加工为主导的轻工业产业链。圈内产业一条龙合作能有效避免重复建设，实现合作共赢。孝感的汽车行业较为发达，可逐渐形成重工业及高新技术产业链。由于武汉市第三产业的发展建立在坚实的第二产业的基础上，要打造圈域内制造业一体化格局，必须扩大黄石、鄂州等城市第二产业规模。具体措施可以是适当承接从武汉市转移的第二产业，融合当地已有的第二产业，将第二产业做大做强，最终带动周边地区第二产业共同发展，呈辐射状实现整体工业化。

在第三产业的发展规划上，应重点发展和培育已初具规模的武汉市第三产业，同时使圈域内城市的第三产业与第一产业、第二产业共同发展。圈域内其他城市虽然第三产业的绝对规模都较小，但具有后发优势，学习已有的先进模式可以少走弯路，实现不同层次的产业齐头并进，共同发展。此外，要加速圈域内金融中心建设和金融市场一体化，形成多层次资本市场体系，形成圈内金融市场一体化，推进旅游业、信息服务业、中介服务和房地产业等服务业的建设。

（2）转变政府职能，统一规划行政区域。据分析，武汉城市圈内中小城市行业结构趋同，中心城市与周边地区产业关联度低；武汉城市圈内各地区经济联系强度随着与武汉的空间距离的增大而减小。圈内城市各经济体存在相互割裂的状况，生产要素的自由流动存在障碍。除了地理因素外，圈域内各行政区域独立行使职权也是导致这一状况的重要因素。首先，圈域内政府存在政府职能转变的考验，政府与市场、企业、社会的关系还处于探索的阶段。目前的企业开展生产活动，还存在层层审批的困难，跨区域开展生产的行政审批更为烦琐。为了使企业能在圈域内有效开展合作，政府应充分尊重企业，尊重市场，与企业平等协商，将行政审批制度转变为负面清单制度，将"法无授权不可为"的思想转变为"法无禁止皆可为"，把政府职能转变为宏观经济调控、市场监管、社会管理和公共服务，提高政府工作效率，为武汉城市圈制造业一体化提高良好的政策环境。其次，要促进各市的共同繁荣，就必须扫除贸易壁垒，打破贸易保护主义，消除各区域各自为政及市场之间相互独立、相互封锁和地区间贸易壁垒等不利因素，合作共赢。大型项目和重点企业，可利用规模生产优势和地区政策便利，促进行政区域间融合，开辟圈域内一体化市场，跨区域开展生产活动。

（3）建设高速、快捷、融合的圈域内物流系统。物流业是生产性和消费性服务业，对制造业发展具有重要意义，要打破制造业和产品销售的市场相互割裂、相互独立的局面。应该利用湖北省独特的地理优势，将武汉城市圈发展成为面向全国的华中地区物流中心。此外，应大力发展电子商务，推动商贸流通业的发展。

（4）发展创新创业型企业，大力推广传统行业的"互联网＋"改革。以武汉为首，建立黄石、鄂州、孝感重工业及高新技术产业链。传统行业的"互联网＋"对圈域内制造业一体化存在至关重要的作用，要大力发展创新型企业，不仅是因为创新型企业能显著提高生产效益，而且因为创新型企业对全行业有着显著的带动效应。创新型企业与传统企业相比较，具有领先的技术优势，这种技术势差通过与上下游供货商、客户等方面的贸易，传导到整个行业链条，从而辐射到行业内其他生产效率较低的传统型企业，迫使整个行业链条被动地实现技术进步，带动整个行业的创新和技术升级。同时，创新型企业带来的技术革新和生产效率，能有效推动配套设施的建设，充分活跃市场，整合行业链条。技术创新转变为规模化生产，必然伴随着企业的并购整合、区域间大力合作、产品与人力资源的有效沟通。此外，创新型企业的发展离不开同心协力的共同发展，仅仅依靠单一企业和地区，难以建成新型产业的平台。武汉城市圈内已经围绕着核心城市武汉，在武汉市内建立了高新技术产业集群，这些企业还需要更加有效利用圈域内极有优势的科教资源,进行科研成果的转化,同时使得传统第二产业向周边城市转移,新型制造业高端化,第三产业蓬勃发展。其目的是使区域内的生产合作转变为分工明确的开发型合作、创新型合作。

(5)有效整合自然资源,节能减排。武汉城市圈的制造业作为一个整体,其发展离不开对自然资源的使用。武汉城市圈的地理分布决定了圈域内同呼吸共命运,制造业造成的负外部性最终由全行业共同承担。自然资源具有公共物品非排他性的特点,决定了对资源的合理使用必须有计划、有管理地进行,制定统一的土地政策,实行信息一体化,对企业给予政策或资金优惠,否则将造成制造业的无序发展。因此,除了提高生产效率,制造业也必须在节能减排的生态环境压力下统一规划,合理安排产出。武汉城市圈内各地区 2014 年生态环境质量总体保持在"良好"等级,河流和噪声污染治理较好,但是城市环境空气质量形势严峻。其中武汉市的空气质量未达到国家二级标准,空气质量指数平均达标天数比例仅为 48.7%。一部分空气污染物来源于如钢铁冶金等传统制造业的排放,2014 年,武汉城市圈内制造业单位 GDP 能耗约为 0.51 吨标准煤/万元,低于全国平均 0.67 吨标准煤/万元,但仍然与国内先进水平存在差距。需要制造业严格控制生产,改进生产技术,以达到节能减排的目的。节能减排对武汉城市圈制造业的整体发展和产业升级带来了挑战。要坚持资源开发与节能减排发展循环经济,完善法律法规建设,以达到建立资源节约型、环境友好型社会建设的目的,实现社会可持续发展。

(6)与省内外其他地区加强经济合作。首先,要加强武汉城市圈与湖北省其他地区之间的经济合作。在湖北省 2014 年公布的 90 个重点产业集群中,武汉市占到 46 个,省内其他城市如荆州有 11 个重点产业集群,襄阳有 9 个,宜昌有 8 个。其中,宜昌和襄阳 2014 年的 GDP 总量分列省内排名第二、第三位(表 4-7),两个城市的 GDP 总量超过武汉市 GDP 的一半,宜昌市人均 GDP 占全省第二。荆州市 2014 年 GDP 达到 1480.49 亿元,超过武汉城市圈内第二大城市黄冈的 1477.15 亿元。因此,开展省内经济合作具有重要意义。湖北省内产业集群具有地缘优势和交通优势,进行技术交流与合作、实现优势互补是合作双赢的重要渠道。武汉城市圈作为湖北省的核心经济体,必须对全省起到辐射效应,带动全省经济发展,实现共同富裕。然后,要以大局观跳出武汉城市圈,开展与华中地区的广泛经济合作。在湖北、河南、湖南三个华中省份中,湖北省 2014 年第四季度以 27367 亿元 GDP 位列第二,落后于 34939 亿元的河南省,略微领先于 27048 亿元的湖南省。湖北省的经济实力在华中地区并未具有显著优势,综合经济实力、开放程度竞争力、基础设施竞争力及综合城市竞争力方面,存在较大的互补空间。湖北省内其他城市利用地理优势,已积极探索跨省合作之路,在湖北省荆州市与湖南省张家界之间修建跨省高铁,对发展长江经济带、环洞庭湖经济圈,促进中部崛起带来了良好的示范作用。武汉城市圈可以利用发达的交通网络开展与江西、安徽等省份的交流与合作。

表 4-7 武汉城市圈与省内其他城市 GDP 和常住人口

地级市	2014 年 GDP（亿元）	2013 年常住人口（万人）	人均 GDP（元）	人均 GDP 排名	2014 年 GDP 排名
武汉	10060	1022	98434.44	1	1
宜昌	3132.21	409.83	76427.06	2	2
鄂州	690	105.7	65279.09	3	12
潜江	540	95.24	56698.87	4	15
襄阳	3129.3	559.12	55968.31	5	3
黄石	1218.56	244.5	49838.85	6	8
仙桃	552.3	118.49	46611.53	7	14
荆门	1310.59	288.72	45393.11	8	7
咸宁	964.25	248.5	38802.82	9	10
十堰	1200.8	336.7	35663.8	10	9
随州	723.45	218.01	33184.26	11	11
天门	401.86	128.9	31176.11	12	16
孝感	1354.72	485.3	27915.1	13	6
神农架	20.8	7.66	27154.05	14	17
荆州	1480.49	573.94	25795.21	15	4
黄冈	1477.15	625.19	23627.22	16	5
恩施	603	331.2	18206.52	17	13
非武汉城市圈	15766.4	3073.82			
武汉城市圈	11600.64	2725.18			
全省总和	27367.04	5799	47192.69		

资料来源:Wind 统计数据库。

（7）强化圈域内一体化意识。武汉城市圈建设和发展还存在极大空间，除了政府要给予政策支持外，企业也必须进一步强化自身机遇意识、战略意识和竞争意识，有意识地开展城市圈内经济合作。制造业企业应从宏观经济发展角度出发，利用优惠政策和城市圈内各地区的独特资源，尝试进行跨区域生产。将产业链延伸到不同区域，扩展供应商来源，将企业做大做强。

参 考 文 献

［1］孟祥林. 核心城市与腹地间的关系：以京沪为例的经济学分析［J］. 城市发展研究，2008（2）：13-19.

［2］梁亚莉. 武汉城市圈总体规划：区域市场一体化建设分析报告［EB/OL］.（2007-12-16）. http：// www. cnhubei. com/xwzt/2007zt/18wuhan/18fz/18cstg/200712/t175296. shtml.

［3］喻春娇，肖德，胡小洁. 武汉城市圈生产性服务业对制造业效率提升的实证研究［J］. 经济地理，2012（5）：21-26.

［4］徐慧玲，周焰. 武汉城市圈圈域城市金融创新研究——以副中心城市黄石为例［J］. 中国农业银行武汉培训学院学报，2011（1）：19-23.

［5］商焱明. 武汉：打造中部购物天堂［J］. 民生周刊，2015（9）：39-42.

［6］李菲，曾光. 武汉城市圈制造业行业专业化实证分析［J］. 湖北经济学院学报，2010（2）：68-51.

［7］刘旺霞，许合先. "两型社会"视角下武汉城市圈产业集群发展的金融支持研究［J］. 金融教育研究，2013（4）：38-43.

武汉城市圈制造业发展的要素支持研究

5.1　武汉城市圈制造业发展的金融支持体系

5.1.1　金融发展、经济增长与制造业发展

(一)金融发展与经济增长

学者们很早以来就关注到了金融与经济增长之间的关系,并进行了较为深入的研究。绝大多数观点都认为金融发展是决定经济增长的一个很重要的因素(如 Schumpeter,1912；Hicks,1969；Goldsmith,1969；McKinnon,1973；Shaw,1969；Stiglitz,1985；Mayer,1990；Greenwood 和 Jovanovic,1990；Levine 和 King,1993a,1993b；Levin,1997 等)。随着研究的不断深入,研究者不仅从不同的视角探讨了金融发展与经济增长之间的关系,而且从产业层面研究了金融发展对经济增长的渠道和微观作用机制。

Rajan 和 Zingales 在分析金融发展对企业外部融资成本影响的基础上,研究了金融发展对产业发展的促进作用,认为金融发展对产业促进作用的大小取决于该产业对外部融资的依赖程度的大小,金融体系越发达,那些主要依赖外源融资的产业发展得越快[①]。他们的研究方法成为研究金融发展与产业增长关系的基本方法,为许多学者所借鉴。

Beck 和 Levine(2002)基于 34 个国家和地区的 36 个产业的一组横截面数据,检验了金融发展对产业成长的影响,发现金融发展水平越高,外部投资者的

———————

① Rajan, R G, Zingales, et al. Financial Dependence and Growth [J]. American Economic Review, 1998, 88 (3)：559-586.

利益越受到法律体系的保护,那些更依赖于外源融资的产业发展得越快。Nicola Cetorelli 和 Michele Gambera(2001)根据经验分析了银行市场结构与产业发展的相关性,认为银行集中度越高,新建立的企业越容易获得信贷资金,那些更需要外源融资的产业部门发展得越快。Carlin 和 Mayer(2002)将产业分为依赖权益融资的产业和依赖银行融资的产业,并采用 20 个 OECD(经济合作与发展组织)国家 27 个产业的数据,检验了产业活动与金融体系模式之间的关系,发现市场主导型的金融体系与依赖权益融资和技术密集的产业的发展之间存在强正相关关系,而在人均 GDP 较低的国家,银行体系在促进依赖银行融资的产业发展中发挥了重要作用[①]。Fisman 和 Love(2004)从短期和长期两个方面研究了金融发展对产业发展的影响,认为金融发展在短期内将促进有更好成长机会的产业的发展,但长期而言,将会促进那些依赖外源融资产业的发展。Wurgler(2000)使用产业层面的数据,研究了金融发展与经济增长的关系。其研究结果表明,金融发展与投资弹性之间呈现正的相关性,那些具有发达金融市场的经济体会将资本更多地投向成长性好的产业,而减少对衰退产业的投资。

与国外学者主要是基于多国多产业截面数据的实证研究不同,国内学者则更多的是进行单一国家或者地区的面板数据或时间序列的实证分析,因而得出的结论有所不同。银国宏(2005)对我国资本市场对产业绩效的影响进行了实证分析,发现资本市场的发展并没有促进产业绩效的增加。韩立岩和王哲兵(2005)、刘丽亚和雷良海(2012)分别利用我国 1993—2002 年各行业的固定资产余额年均净值与工业增加值数据和我国 39 个行业 2005—2010 年的面板数据,考察了我国整体的资本配置效率。他们都发现,我国的资本配置效率处于较低水平且波动较大,各行业的资本配置效率差异大,甚至出现了资本配置无效率的现象。

(二)金融支持与制造业发展

金融业可以通过营造宽松的融资环境,运用恰当的金融工具,从而促使社会资源流向制造业。我国目前的市场经济尚未达到成熟阶段,市场还不能完全承担资源配置的作用,金融市场规模相对也较小,金融市场的效率和资本动员能力相对偏低,仅仅依靠市场力量不能解决资源有效配置的问题,加强金融对资金投向的引导,使有限的资源通过金融市场流向制造业,有利于提高我国资源配置的

---

① 刘军虎. 我国金融业发展对制造业结构优化的影响研究[D]. 长沙:湖南大学,2013.

效率。

Maskus 和 Neumann(2012)研究了国内及国际金融发展对产业研发的影响,通过考察 1990—2003 年期间,18 个 OECD 国家的 22 个制造业产业的研发强度,发现国内金融发展的多种形式是产业研发强度的重要决定因素,同时外国直接投资、私人银行、信贷和股票市场对企业研发强度也有类似的效果。Neusser 和 Kugler(1998)利用 13 个国家的数据研究了金融业和制造业的关系,结果表明金融发展对制造业的发展有着显著正向影响,并且两者具有典型的因果关系。Binh、Park 和 Shin(2006)选取了 26 个 OECD 国家的 26 个制造业产业数据为样本,研究发现技术创新与高风险产业发展在很大程度上依赖于市场主导型的金融体系,银行主导型的金融体系在促进传统、低风险产业的发展方面更具有比较优势。Muûls(2008)以比利时企业为样本,研究结果显示企业的流动性约束会减少企业的出口国家数量;而企业获得融资可能性的加大,将会增加企业的产品和所获得的收益。之后,Bellone 等学者(2010)以法国制造业为样本,同样验证了 Muûls 的结论,指出提高企业的融资能力可以在较大程度上增加其参与国际贸易的可能性。Feenstra 等学者(2011)的研究表明,中国制造业企业 FDI(外商直接投资数据)能够减少其融资约束,制造企业中的跨国公司与非跨国公司相比,具有国际外源融资的优势,融资约束小,因此有更高的出口额。

林毅夫等(2003)利用全球制造业 1980—1992 年的数据,研究了金融结构与经济增长的关系,认为只有当金融结构与制造业的规模结构相匹配,才能有效满足企业的融资需求,进而促进制造业的发展。段一群等(2009)利用我国装备制造产业的面板数据,分析了银行贷款和资本市场的股权融资对各个装备制造行业发展的影响,结果表明中国的金融体系对装备制造业发展的金融支持效应欠佳。

马强和董乡萍(2010)利用 2002—2006 年全国制造业相关数据,构建并计算了各省市制造业新型化指数、金融发展指数和金融效率指数,通过指数化的面板数据,研究各省市金融服务业支持制造业发展的情况。结果表明,金融服务业对制造业的支持效应在各省市存在着个体与结构上的差异。具体就湖北省而言,金融发展对制造业新型化的效用是正向的,而金融效率指标对制造业新型化的效用是反向的。

江红莉和李超杰(2011)基于江苏省 1998—2009 年的数据,利用 Malmquist 指数测度了制造业全要素生产率,并研究了制造业全要素生产率与金融发展之间的关系,发现金融发展对制造业全要素生产率具有长期的驱动效应,若金融相关率提高 1 个百分点,制造业的全要素生产率就提高 0.8286 个百分点。他们还对制造业全要素生产率和金融发展指标进行了 Grange 因果检验,发现滞后 1～3 期时,金融发展是制造业全要素生产率的 Grange 原因,而制造业全要素生产率却不是金融发展的 Grange 原因[①]。

宋智文等(2013)利用广东省高技术制造业 2005—2010 年的相关数据,实证检验了广东金融发展对高技术制造业发展的影响。结果表明,银行信贷水平和资本市场规模与高技术制造业的发展之间存在负相关关系,出现这一结果的主要原因是广东省金融发展主要表现为金融规模的扩张,而不是金融功能和金融效率的同步提升[②]。

5.1.2　金融支持制造业发展的机理分析

《武汉城市圈总体规划纲要》提出,到 2020 年,将武汉城市圈建成以先进制造业和高技术产业为主体,工业结构合理、分工明确、特色鲜明、运行高效、布局合理的工业化水平较高地区,使武汉城市圈成为我国中西部工业总量和竞争力最强的地区之一[③]。在现代经济增长理论中,资本几乎成为所有经济增长模型中重要的决定因素,金融体系发挥其功能,通过资本形成、技术创新与资源配置机制影响和支持具体产业的发展,从而促进经济增长。具体而言,金融支持制造业发展的机理主要体现在三个方面:

(一)金融体系的资本形成功能,有助于制造业发展的资金约束

金融体系的基本功能就是吸收、储蓄和促进资本形成。增加对制造业的资源投入,促进制造业扩大规模,从而提高制造业规模效益是制造业发展最常见的方式之一。现代金融体系通过金融工具或产品的创新,能降低交易成本,增加资本的流动性、分散风险等,推动分散的社会资金迅速而大规模地形成资本,带来明显的规模经济(克服交易成本问题)和声誉优势(克服信息成本问题),从而扩

---

① 江红莉,李超杰.金融发展对制造业全要素生产率增长的驱动研究——基于江苏省数据的实证分析[J].经济论坛,2011(5):154-161.

② 宋智文,凌江怀,王健.高技术制造业金融支持效应研究[J].统计与决策,2013(5):166-169.

③ 武汉城市圈总体规划纲要[EB/OL].(2014-1-27)http://wenku.baidu.com/view/2fb1afboddccda383766af96.html.

大社会资本的总供给[①],有助于制造业发展摆脱资金约束。这主要表现在:

1. 加速社会资本积累

在生产力水平一定的情况下,有效的金融体系使人们从事金融活动的欲望更加强烈,可以广泛吸收和聚集社会储蓄,提高全社会的储蓄率,加速资金的集聚,非生产性的或者暂时闲置的资金就可以被吸引到金融部门。储蓄率的提高使全社会可用的资本总量增加,为生产规模的扩大提供了资金来源,从而为经济发展提供了资金支持[②]。Bell 和 Rousseau(2001)指出,金融中介能组织社会闲散金融资源,发展良好的金融中介可以通过提高居民储蓄率及吸引外资等手段来实现社会资本积累,促进经济增长[③]。

2. 促进制造业产业的资本形成

金融发展通过为制造业企业提供多样化的融资渠道、公平的竞争环境和市场信号,促进制造业产业的资本形成。在全社会储蓄量一定的条件下,投资数量和质量取决于储蓄向投资转化的水平和方向。银行等金融机构作为资金运用的枢纽,能够为企业运行提供良好的外部环境,并有效地反馈资金运用的信息。运行良好的金融体系能为投资活动提供及时可靠的市场信号,特别是能够充分显示价格关系,提高储蓄向投资转化的速度和效率,从而加速资本形成。

(二)金融体系的资源配置功能,有助于制造业结构合理化

产业结构合理化主要是指产业类型结构与产业比例结构配置的科学化,制造业结构的合理化,就是通过制造业结构的增量发展和存量转换,对产业选择所带来的部分缺陷进行修正,实现制造业比例结构的优化配置。金融体系的资源配置功能,在产业结构调整中发挥着特别重要的作用。武汉城市圈现有的制造业结构,是产业选择的资源初次配置的结果,难免会存在一定的功能缺陷和产业配置比例的失衡。Schumpeter(1934)曾经指出,有效的金融中介可以使得高效的企业获得更多的金融资源,因此它们可以通过改变社会资源的配置来改变经

---

①　马军伟. 金融支持战略性新兴产业发展的内在机理研究[J]. 科技管理研究,2013(17):16-19.

②　张晓昱. 重庆制造业发展与金融支持研究[D]. 重庆:重庆大学,2004.

③　江红莉,李超杰. 金融发展对制造业全要素生产率增长的驱动研究——基于江苏省数据的实证分析[J]. 经济论坛,2011(5):154-161.

济增长的路径,而不仅仅是通过提高社会储蓄率[①]。金融支持尤其是以银行信贷为主导的间接金融支持和以资本市场为主导的直接金融支持,能促进制造业结构合理化。

间接金融层面的金融支持以信贷市场为主,信贷市场利用商业银行的生产性贷款和消费性贷款,影响制造业企业的融资需求和融资供给,使资金能够有效地在不同企业或行业之间调整,实现制造业产业的结构优化。

直接金融层面的金融支持以资本市场为主,资本市场通过一级市场和二级市场来引导资源的配置。首先,健康的资本市场能够优先使得那些效益好、成长性好的企业和行业在证券市场上通过发行证券来筹集所需资金,实现增量发展。其次,资本市场的重组功能可以优化存量资产的配置,使得优质资产向优质企业和行业聚集,促进产业结构的优化。

(三)金融支持制造业企业的技术创新,有助于提高制造业整体效率

制造业发展的金融支持体系,通过营造企业外部融资的良好环境,推动制造业企业的技术创新,进而促进制造业整体生产率的提高。在现代经济中,企业的技术创新活动依赖于良好的金融支持。良好的银行体系能够甄别出生产技术先进、有高新技术项目和具有较新产品和工艺的企业,并对其提供融资服务。

1. 通过融资功能的发挥促进制造业的技术创新

企业技术创新所需要的大量资金投入,往往要进行外源融资。发展良好的金融体系和畅通的融资渠道,使得企业能够通过银行信贷、证券市场、风险投资、民间借贷等多种渠道进行融资,从源头上为制造业企业技术创新提供资金支持。Tadesse(2002)曾指出,良好的金融体系能够为技术创新提供所需要的大规模资金,也通过为技术创新投资者提供长效性的激励功能、分散风险和共享机会,促进了技术创新行为的长期化、稳定化和持续化[②]。孙伍琴和朱顺林(2008)也曾指出,一个发展良好的金融体系能为技术创新有效地注入资本。

2. 通过信息生产功能的发挥促进制造业的技术创新

金融体系具有生产和传递信息的功能,可以通过生产并向投资者传递有关

---

①　袁云峰,曹旭华. 金融发展与经济增长效率的关系实证研究[J]. 统计研究,2007,24(5):60-67.

②　江红莉,李超杰. 金融发展对制造业全要素生产率增长的驱动研究——基于江苏省数据的实证分析[J]. 经济论坛,2011(5):154-161.

制造业企业技术创新的特点、企业或者项目潜在的市场价值及其成功概率等信息,加强技术创新企业和投资者之间的联系,有利于技术创新活动的顺利开展。

3. 通过风险管理功能的发挥促进制造业的技术创新

金融体系能够提供多样化的风险管理工具和手段,从而把制造业技术创新不同阶段中参与的投资者连接起来,既能保护各方的利益,又能充分发挥各自的能力优势,分散技术创新的风险;既能优化技术创新投资的配置,又能优化投资者的投资行为,从而促进制造业的技术创新。

4. 通过公司治理功能的发挥促进制造业的技术创新

金融体系通过其信息生产的功能,利用专业化评估优势,选取合适的制造业技术创新项目和企业,进行债权性和股权性投入,充当监控者的角色,有利于解决投资者和技术创新企业之间的信息不对称的问题,促使技术创新企业形成合理的公司治理机制,推动技术创新顺利进行。

5.1.3　武汉城市圈制造业发展的金融支持体系构建

制造业发展的金融支持体系包括市场性金融支持、政策性金融支持和区域性金融支持三个方面。其中,市场性金融支持为制造业发展提供金融资源,政策性金融支持通过政府的政策指导产业发展,区域性金融支持则兼具地方政府的政策导向与市场性金融支持的特点。鉴于全国性金融市场、商业银行体系和政策性金融支持体系的改革非一个省份或者城市圈(群)所能够左右,所以我们建议构建武汉城市圈制造业发展的金融支持体系可以首先从以下一些方面来取得突破。

(一)构建以区域性商业银行为主体的中小金融机构体系

武汉城市圈银行业结构以全国性的国有商业银行、股份制商业银行的分支机构为主,以地方性金融机构,如城市商业银行、城市信用社和农村信用社等机构为辅,呈现出"外来强,本地弱"的不平衡结构特征。要实现区域银行业结构的优化调整,就必须改变这种不平衡的结构,培育区域性商业银行的核心竞争力,真正疏通地区性间接融资渠道,为武汉城市圈制造业发展提供有力的金融支持。

一般认为,在银行类金融机构中,城市商业银行、农村商业银行、城市信用社和农村信用社属于中小金融机构,它们与大型金融机构相比,在为中小企业提供金融服务方面拥有信息优势,比较愿意为中小企业提供融资服务。关于这种信息优势,Banerjee 等人(1994)提出了两种假说。其一是"长期互动"假说(Long Term Interaction Hypothesis)。该假说认为,中小金融机构一般来说属于地方性金融机构,通过与地方中小企业长期的合作关系,对它们经营状况的了解程度较深,这有助于解决中小金融机构与中小企业之间的信息不对称问题。另一种假说为"共同监督"假说(Peer Monitoring Hypothesis)。"共同监督"假说认为,即便中小金融机构不能因为真正了解地方中小企业的经营状况而对中小企业实施有效的监督,但为了大家共同的利益,合作组织中的中小企业之间也会实施自我监督,并且这种监督比金融机构的监督更为有效[①]。

而对大型金融机构而言,一般不具备这种信息优势。这是因为:①大型金融机构在地方分支机构的管理人员经常调换,他们对地方企业不够了解。②即使这些地方分支机构的管理人员能够了解地方企业的经营状况,往往也很难将相关信息传递给其上级机构,因此在对地方企业的贷款出现问题时分支机构的管理人员很难做出解释。③大型金融机构具有庞大的资产规模,发放贷款时选择余地较大,所以容易忽视中小企业金额相对较小的贷款,相互之间也就很难建立起长期而又紧密的合作关系,信息不对称问题自然就更加突出。因此,大型金融机构往往较少为中小企业提供贷款。

国外的一些经验研究已经为上述关于大型金融机构和中小金融机构在为地方企业提供服务方面差别的论述提供了部分证据。相当多的研究证明了银行对中小企业贷款与银行规模之间存在着很强的负相关关系(Nakamura,1993;Keeton,1995;Berger 等人,1995;Levonian 和 Soller,1995;Berger 和 Udell,1996;Strahan 和 Weston,1996,1998;Peek 和 Rosengren,1996);一些关于美国 20 世纪 80 年代中期以来银行合并的研究证明,银行之间的合并倾向于减少对中小企业的贷款(Berger 等人,1995;Peek 和 Rosengren,1996);Meyer(1998)的研究也证明,在银行业集中度较高的地区,即便中小企业能够顺利地获得贷款,往往也要付出较高的代价,它们为其贷款所支付的利率比大企业贷款利率高出 50%~150%。

建立完善的中小金融机构体系有助于缓解武汉城市圈制造业企业,特别是中小制造业企业的融资困难。在中小金融机构体系的构建中,地方政府的主要作用应该定位于维持竞争环境的稳定,促使参与金融交易的各方都有动力维护自己的商业信誉。这一中小金融机构体系必须包括独立于地方政府的中小银行

---

① 陈冠宇. 中小银行在中小企业融资中的作用探析[J]. 黑龙江金融,2011(7):62-64.

或其他金融机构,以此来促进金融机构之间的适度竞争,为中小金融机构主动接近中小企业,并与之建立长期紧密的合作关系,缓解信息不对称问题提供激励。

(二)大力发展风险资本市场

风险投资以其承担高风险、追逐高利润的特征,为企业提供了创业初期的资本支持,构成了企业融资链条上的关键一环。一方面,风险资本市场与一般资本市场一样,具有融资、配置资源、促进产权流动和进行风险定价等基本相似的功能。另一方面,风险资本市场又弥补了资本市场缺陷,完善了资本市场结构。为了促进武汉城市圈风险投资健康、高速发展,以适应制造业企业发展的需要,特提出以下具体对策:

(1)进一步做大做强创业投资引导基金。发挥政府引导社会投资方向的作用,引导创业资本向重点扶持和鼓励的制造业产业聚集。2008年,湖北省创业投资引导基金启动,近年来不断发展壮大。湖北省科技厅公布的数据显示,截至2015年4月,湖北省创业投资引导基金采取阶段参股等方式出资4亿元,合作设立创业投资、天使投资子基金15支,基金规模达到30.6亿元,实现了财政资金近8倍的杠杆放大效应,有力推动了电子信息、生物医药等制造业产业的发展。湖北省创业投资引导基金需进一步与海内外创投机构合作建立系列创投基金,进而吸引大量社会资金参与投资。

(2)针对风险投资制定捆绑投资的计划。中小型制造业企业在获得民营风险投资机构的投资后,可以向政府所属的投资公司申请共同投资,同时政府对民营风险投资提供部分担保。在捆绑投资计划中,政府投入资金提供部分担保,既能有效提高私人风险资本的积极性,又能体现政府资金的放大效应。

(3)大力引进国内外风险资本。近年来,中部地区和武汉城市圈一直保持经济的高速增长,国内风险投资发展迅速。《中国创业风险投资发展报告2014》提供的数据显示:2013年,中国创业风险投资机构达1408家,较2012年增加225家,增幅19%;创业投资管理资本总量达到3573.9亿元,增幅7.9%。引进风险资本,能够为武汉城市圈带来大量资金和较为成熟的行业经验,能够迅速培养一批创业人才和风投行业从业者。武汉城市圈应抓住中部崛起、"两型"社会建设、"一路一带"建设等战略契机,为吸引国内外风险投资创造条件。

(4)营造有利于风险投资快速、规范发展的外部环境。地方政府应该在不违背国家法律和遵守国家宏观政策的前提下,检查地方法律法规和政策中制约风险投资发展的部分,并加以解决。

(5)加强培养合格的风险投资家。风险投资家是风险投资的灵魂,在相当程度上决定了风险投资的成败。一方面,可以通过优惠政策来激励那些有能力、有激情从事风险投资的人员的创业活动,为其营造宽松的投资创业环境;另一方面,可以总结风险投资较为发达的国家或者地区的经验,从风险投资管理的理念和方法等方面对风险投资的从业人员进行培训,为其成长为合格的风险投资家奠定思想基础。同时,应该进一步完善人才激励机制。

(三)完善区域性场外交易市场的功能

场外交易市场是多层次资本市场健康发展的基石,是为中小企业发展提供金融支持的重要机制。从西方国家资本市场演进的历史来看,证券场外交易市场出现在主板市场之前。目前,我国的场外交易市场又分为全国性场外交易市场和区域性场外交易市场。

全国性场外交易市场是指全国中小企业股份转让系统(俗称"新三板"),于2012年9月正式推出。全国中小企业股份转让系统有限责任公司公布的数据显示,2014年全年挂牌公司股票发行329次,金额132.086亿元,其中湖北挂牌公司股票发行的次数和金额分别为18次和3.1888亿元,占比分别为5.47%和2.41%。

湖北省的区域性场外交易市场,主要是指2011年成立的武汉股权托管交易中心。截至2015年6月,全省在武汉股权托管交易中心展示企业1843家;共托管登记企业720家,托管总股本275.93亿股;挂牌交易企业481家,其中股份公司393家,"科技板"企业88家;累计成交11.56亿股,成交总金额16.27亿元;累计为145家公司开展股权融资业务272笔,实现融资总金额156.92亿元,其中,股权直接融资31.40亿元,股权质押融资125.52亿元。

为促进湖北区域性场外交易市场发展,完善场外交易市场的功能,为武汉城市圈制造业发展提供有力的支持,在场外市场建设方面,应做好以下几个方面的工作:

(1)坚持市场化的取向。尊重市场规律,健全场外市场体系,让市场在资源配置中起决定性作用,同时进一步加强监管,维护公平、有序的市场秩序。

(2)坚持加强场外市场体系建设。以服务中小企业为导向,构建开放、互动、对等、共赢的场外市场体系。进一步加强投资融资双向信息交流平台建设,提供风险投资的进退渠道,增强区域内非上市公司股权流动性,促进制造业中小企业融资能力提升,支持实体经济健康成长。

（3）坚持推进创新。创新金融工具和交易品种，在为制造业中小微企业融资服务的同时，还要提供管理、咨询、培训等综合服务，着手发展武汉股权托管交易中心，推动其成为场外市场体系的核心和枢纽。

（4）坚决维护投资者的合法权益。建立企业和市场信息公开平台，建立健全投资者适当性管理制度，构筑交易风险控制机制，加强场外市场的法律体系和管理制度研究，并加强对投资者的教育，创新服务投资者的组织体系和服务体系，健全场外市场体系。

（四）正确引导、规范和利用民间金融

民间金融在国外往往被界定为"非正规金融（Informal Finance）"，是指在政府批准并进行监管的金融活动（正规金融）之外所存在的游离于现行制度法规边缘的金融活动。中国人民银行认为，民间金融是相对于国家依法批准设立的金融机构而言的，泛指非金融机构的自然人、企业及其他经济主体（财政除外）之间以货币资金为标的的价值转移及本息支付[①]。民间金融是与官方金融相对而言的。官方金融是属于正式金融体制范围内的，即纳入我国金融监管机关管理的金融活动。因此，民间金融主要是指在我国银行保险系统、证券市场、农村信用社以外的经济主体所从事的融资活动。

民间金融与正规金融呈现明显的互补关系。即使在城乡经济一体化程度很高、金融体制比较完善的国家，民间金融的规模也很可观。据统计，在美国2.5亿人口中，大约有2500万个家庭，即约7500万人没有银行账户。这些人中有相当一部分要通过小额贷款公司、信用协会和民间借贷渠道解决融资需求[②]。而在我国，尽管改革开放以来，我国金融发展成果显著，但由于典型的二元经济特征，金融体系存在明显的结构性缺陷，城乡金融发展极不平衡，正规金融的供给不足为民间金融的生存和发展提供了空间。我国经营主体所有制成分和经营形式多样化的局面将长期存在，对民间金融客观上存在着强大的需求，这为其发展提供了生生不息的原动力，民间金融对正规金融所具有的补充效应也就更加明显。

民间金融之所以能长期存在并发展，在于它与官方金融相比，具有制度、信息、成本、速度等方面的优势。对于如何引导、规范和利用民间金融来为武汉城

---

① 张荣昌. 正确认识民间金融的作用[J]. 农业与技术，2006，26(6)：187-188.

② 苑德军. 民间金融的外延、特征与优势[J]. 经济与管理研究，2007(1)：45-49.

市圈制造业发展服务,建议对策如下:

(1)完善现有法律体系。尽快制订地方性《民间融资管理办法》,对民间融资的资金来源、资金运用、利率、监管等做出明确规定,通过构筑合法的民间金融活动平台,保护正常的民间借贷,通过"民间金融合法化"的方式来规范民间金融,摆脱目前大量民间金融活动没有部门监管的局面。

(2)要建立有效的市场准入和退出机制。对具备实力、经营较为规范的"非法"金融机构,应为其规划转为合法民间金融机构的路径,从制度上为民间资本"合法"进入金融业提供保证。

(3)鼓励民间资金进入正规金融机构。作为地方政府而言,可以考虑对地方政府控股的中小金融机构进一步进行股份制或者股份合作制改革,以设立地方性股份合作银行、农村合作银行或农村商业银行等方式鼓励民间资金进入正规金融机构。

(4)加大外部监管力度。民间金融涉及社会经济生活的方方面面,具有点多面广、隐蔽性强、监管难度大等特点,仅仅依靠单一部门监管显然力度不够,亟须建立起齐抓共管的监管格局。首先,建立起民间金融监测信息系统,由各级地方统计部门和金融监管机构定期开展调查、统计工作,及时掌握民间金融运行的具体情况,适时进行信息披露和风险提示;其次,构建由政府牵头,多部门参加的监管体系,加大对各类非法融资行为的惩处力度,维护正常金融秩序,有效控制地区性金融风险。

(五)加强区域性信用担保体系建设

自 1998 年我国中小企业信用担保开始试点至今,我国中小企业信用担保机构得到了快速发展,这在一定程度上缓解了中小企业融资难的问题。近年来,湖北信用担保体系建设发展迅速,一方面,担保机构形式呈现多样化;另一方面,担保规模稳步增长。湖北省经信委公布的数据显示,2010 年至 2014 年,全省融资担保业务快速发展,年末在保余额 4 年增长 1.86 倍,年均增长 30.1%,在保余额已占全省中小企业贷款余额的 12%。据统计,全省 4.3 万家受担保企业 2014 年新增营业收入 1272 亿元,比 2013 年增长 12%。同时,湖北省信用担保行业内存在的一些问题也很明显,如担保机构缺乏业务创新能力;担保机构资金规模有限,实力弱;以担保为主业的企业数量偏少,业务开展不足;行业内的无序竞争导致对风险的预警与防范能力不足;尚未建立完善的损失补偿机制等。为引导信用担保机构发挥整体优势,加强对武汉城市圈制造业发展的金融支持,湖北省还需加强区域性信用担保体系建设。建议对策如下：

（1）加快完善地方信用担保政策。目前，对中小企业进行信用担保仍然是一种政策性很强的业务，风险和收益不相匹配。因此，政府应当对担保机构和担保业务进行宏观指导并加强管理，加快制定推进中小企业信用担保体系建设的新政策，做大做强政府投资的政策性担保机构，大力发展社会投资的商业性担保机构，鼓励发展互助式会员制担保机构。

（2）建立担保机构风险补偿机制。除了担保机构应建立风险准备金制度外，地方财政还应给予政策性担保机构或者承担政策性担保业务的商业性担保机构一定的资金补偿，这样有利于担保行业的可持续发展，客观上也可以支持中小企业的发展。

（3）加快省级再担保体系建设。湖北省再担保体系建设始于 2009 年，然而近年来发展缓慢，直到 2015 年 11 月，总注册资本 50 亿元的湖北省再担保集团有限公司才在武汉正式挂牌组建。湖北省政府应加大省级财政资金用于信用担保体系建设的力度，鼓励市、州、县政府入股省再担保集团，并积极争取国家级融资担保基金投资入股。省再担保集团作为非营利性机构，应坚持政策性为主和提供准公共产品的功能定位，引导省内各地政府支持的担保公司回归政策性、公益性，向全省范围内的担保机构提供不同层次的再担保服务，扶持和培育市县级担保机构的发展，真正形成能有效防控区域性系统性风险、为担保机构增进信用、对担保机构实施市场化监督的再担保体系。

（4）完善中小企业信用评价制度。地方政府要切实推进建立以信用记录、信用调查、信用征集、信用评级、信用发布、守信褒扬与失信惩戒为主要内容的企业信用评价平台；建立市场经济运行信息资料库和中小企业信息资料库，实现信息资源共享；加强中小企业贷款信用评级制度、企业法人代表资信评级制度和企业总体资信评级制度等制度建设，强化企业信用观念。

5.2 武汉城市圈制造业劳动力技能结构提升

根据《中华人民共和国国民经济和社会发展第十二个五年规划纲要》，制造业发展的重要任务是转型升级、提高核心竞争力，一方面要加快应用新技术、新材料、新工艺、新装备改造提升传统产业，另一方面要以重大技术突破和重大发展需求为基础，培育发展战略性新兴产业。现代制造业是资金和技术密集型的产业，不仅需要先进的机械设备，而且需要维修、改造和创新能力，高技能劳动力的培养是重要的一环。

武汉城市圈制造业经济形势良好，行业不断扩张，从业人数占到了就业人数的很大比例。据湖北省主要城市2010年第二次经济普查主要数据公报，武汉市制造业从业人口85.85万人，占工业总人数的93％，占就业总人口的24.3％。随着武汉城市圈入选国家资源节约型和环境友好型社会建设综合配套改革试验区，对城市圈制造业发展提出了新的要求。制造业的快速发展增加了对人才的需求，同时制造业企业也急需加强人才队伍的建设。只有建立相对稳定的人才队伍，才能为武汉城市圈制造业的发展提供必要的劳动力和强大的智力支持。本节着力于分析武汉城市圈制造业劳动力的技能结构，指出应该重视劳动力的技能积累，提高制造业自主创新能力，探寻提升武汉城市圈制造业竞争力的途径。

5.2.1 武汉城市圈制造业劳动力技能结构现状

(一)武汉城市圈劳动力总体技能水平较高

一方面，武汉城市圈拥有百余所本专科院校，两所"985"高校和7所"211"高校，每年高校毕业生总数近50万人。以武汉市为例，武汉市拥有普通公办本科院校23所，民办院校8所，高职院校17所，独立学院21所，军事院校7所。高素质的大学生群体是武汉城市圈未来的发展希望，留住并用好这部分高素质人才将极大地促进武汉城市圈飞速发展。另一方面，武汉城市圈长期以国有大型制造业、重型工业为主要经济支柱，是传统工业、运输业基地，劳动者普遍受教育程度和专业技术技能较高，拥有一大批技术熟练、经验丰富的产业工人。大批"武"字头的重型装备制造业企业集团，培养了一大批新中国重型装备生产、科研、管理的专门人才。武汉中国光谷（即武汉东湖新技术开发区）的发展也是武汉东湖周边高校多年科研成果转化的成果，武汉拥有大批无论是质量，还是数量都在全世界首屈一指的光电子信息产业科研、设计、管理、销售类的专门人才。

(二)武汉城市圈劳动力技能分布结构不尽合理

根据全国第六次人口普查资料，武汉城市圈中具有大学本科学历（大专以上）的人数占总人数的11.98％，高中和初中各占16.77％、38.49％，小学占22.23％，文盲率为4.85％。由图5-1和图5-2可知，武汉人口受教育程度普遍比武汉城市圈中其他城市高，文盲率最低，占2.29％，而仙桃、潜江、黄冈文盲率较高，黄冈市文盲率达到了8.04%。武汉城市圈中初中文化程度的人占比最多。

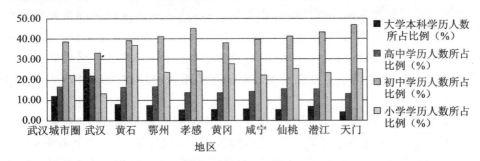

图5-1　武汉城市圈劳动力受教育程度

资料来源：全国第六次人口普查资料。

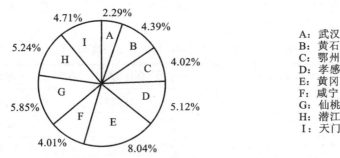

A：武汉
B：黄石
C：鄂州
D：孝感
E：黄冈
F：咸宁
G：仙桃
H：潜江
I：天门

图5-2　武汉城市圈内文盲占比

资料来源：全国第六次人口普查资料。

　　武汉城市圈高技能劳动力在城市间分布极不平衡，形成武汉市一城独大的格局。从技能人才地区分布看，78%以上的技能人才和90%以上的高技能人才集中在武汉市，其他8个城市技能人才和高技能人才仅占22%和10%左右。从武汉城市圈各市技能人才结构看，高技能人才占技能人才的比例过低，初、中级技术人才数量多，高技能人才数量少。除武汉、仙桃两市高技能人才占技能人才的比例超过30%外，其他各市高技能人才比例均在30%以下，最低的甚至仅为4%。武汉城市圈内第二产业的发展并不均衡，工业主要集中在武汉市，难以发挥对周边城市的辐射效应，不利于城市圈内资源的顺畅流动，不平衡的劳动力技能结构加剧了这一情形，不利于经济和社会的统筹发展。

（三）武汉城市圈制造业劳动力市场供需矛盾突出

　　尽管近几年受到国际金融危机和欧债危机等影响，但武汉经济仍保持较快的增长势头,一批以钢、车、光机电、药化工等重点产业和纺织、食品、造纸及包装印刷等优势行业为支撑的现代制造业发展迅猛,已成为武汉经济的重要组成部分。随着武汉城市圈"建设内陆地区的先进制造业高地和现代服务业中心"目标的确立,城市圈经济结构调整不断加快,钢铁、汽车、光电、造船等已形成产值过千亿的产业集群,沿海制造业向湖北转移的趋势明显,对高技能人才产生了强劲的需求。

以武汉市为例,将 2014 年各类用人单位需求按行业分组,2014 年制造业需求 69299 人,占市场总需求的 28.4%,排名第一,超过第二位 8 个百分点,由 2013 年同期行业需求排序第三上升至 2014 年的第一。这印证了武汉加大经济结构调整,振兴制造业,实行工业倍增计划成效显著。排序第二、第三、第四的依次为住宿和餐饮业 20.31%、批发和零售业 12.99%、居民服务和其他服务业 11.71%,见表 5-1。

表 5-1 2014 年武汉市按行业分组的需求人数

行业	合计(人)	所占比重
农、林、牧、渔业	2583	1.06%
采矿业	85	0.03%
制造业	69299	28.40%
电力、煤气及水的生产及供应业	5635	2.31%
建筑业	10551	4.32%
交通运输、仓储及邮政业	8392	3.44%
信息传输、计算机服务及软件业	5813	2.38%
批发和零售业	31702	12.99%
住宿和餐饮业	49569	20.31%
金融业	2825	1.16%
房地产业	5365	2.20%
租赁和商务服务业	14582	5.98%
科学研究、技术服务和地质勘查业	111	0.05%
水利、环境和公共设施管理业	781	0.32%
居民服务和其他服务业	28571	11.71%

行业	合计(人)	所占比重
教育	584	0.24%
卫生、社会保障和社会福利业	514	0.21%
文化、体育与娱乐业	4415	1.81%
公共管理与社会组织	2644	1.08%
国际组织	0	0.00%
合计	244021	100.00%

资料来源:《2014 年度武汉市职业供求状况分析报告》。

虽然武汉城市圈急需建筑工人、制造业工人、轻工业普工、光电产业工人等一大批高技能劳动力,但长期的用工难极大地限制了城市圈制造业人力资源结构改善和经济发展。目前,武汉城市圈技能人才总数为 263.02 万人,其中高技能人才为 94.61 万人,分别占城市圈常住人口(2998.93 万人)的 8.77% 和 3.15%,比例较低。城市圈高技能人才总量偏少,缺口较大,尤其是技师和高级技师比例较低,高技能人才后备不足。以武汉市为例,武汉市劳动力市场对中高级专业技术人员的用人需求呈增加趋势,而对初级技能劳动者的用人需求有所减少。2015 年上半年,在全市人力资源市场上对专业技术和职业资格有要求的岗位为121807 个次,占全部岗位的 75.3%;其中要求高级专业技术和职业资格的岗位为9533 个次,而同期拥有该类技术水平的求职者为 8952 人,缺口为 581 人[①]。

5.2.2 武汉城市圈制造业劳动力技能升级的障碍因素

虽然由于历史、交通、科技、经济实力等原因,武汉城市圈具有得天独厚的人才优势,但是与东部发达地区城市群相比,武汉城市圈劳动力技能升级仍然存在以下障碍:

(一)武汉城市圈人才吸纳能力不足,流失严重

武汉城市圈拥有全国少见的高密度大学集群,拥有理、工、农、医、文、史、经等几乎所有门类的学科专门人才,然而由于武汉城市圈经济发展相比东南沿海

---

① 武汉市统计局. 2015 年上半年武汉劳动力就业形势简析[EB/OL]. (2015-8-6)http://www.whtj.gov.cn/details.aspx? id=2691.

地区严重落后,经济总体以重工业、建筑业、制造业、低端服务业为主,对具备高素质的人才缺乏吸引力和接纳能力。武汉城市圈周边城市发展严重滞后,对武汉市内大学生缺乏足够吸引力。武汉地区物价水平逐渐升高,工资待遇与全国发达地区相比明显偏低,迫于现实压力,很多大学毕业生向华东和东南沿海等发达地区流动。

(二)技术进步的侵蚀效应阻碍技能积累

干中学是人们在长期使用机械和制造产品等经济活动中,积累相关经验和知识的过程,是劳动力技能积累的重要渠道。技术进步意味着更高的生产力,会导致现有知识和技能与新技术的需求出现一定程度上的不衔接,劳动者必须花时间来学习和适应这种新技术,从而造成现有人力资本贬值以及技术变迁过程中实际有效劳动减少,即产生侵蚀效应(Galor 和 Moav,2000)。相对于一般性人力资本而言,通过专业培训及长期的干中学形成的专用性人力资本更容易过时。越是低层次的工作,其要求的劳动力越容易被复制和替代。低技能劳动力难以接触到技术生产的全过程,被低端锁定在简单流水线操作中,从技术溢出获得干中学的可能性很小。侵蚀效应的存在会影响劳动者个人的生产效率及其人力资本收益率,因而会影响个人和企业的投资决策,最终影响到技能的积累和形成。

(三)人力资源市场需求与高校培养计划不匹配

由于专用性人力资本更容易过时,技术进步使得人们更倾向于接受教育,从而形成一般性人力资本,这一导向也进一步导致市场和个人对学历教育投资过度,而对侧重于专业技能的职业教育投资则严重不足。然而,根据世界经济论坛(WEF)发布的《2013 年全球竞争力报告》,中国高等教育的质量仅排在第 70 名。由于教育投资的低效率,学校教育培养出的人才很难直接适应工作岗位,普通高等教育对经济的促进作用相对有限,造成教育资源的浪费。

近年来,武汉城市圈内高等教育招生比例不断增加,然而制造业企业招工却越来越难。这说明教育培养的人才与武汉城市圈内制造业契合度有待提高。尽管我国高等教育发展迅速,然而出于成本和办学实力的考虑,很多高校过分鼓吹公共事业管理、工商管理等低成本学科,招收了过多与社会需求严重脱节的文史类、管理类人才,给社会带来了沉重的就业压力,同时,造成了教育资源的极大浪费。现阶段,武汉城市圈及全国紧缺的依然是具备一定专业技能的技术类、理工类等需要长期培养的人才,而对短期培养即可满足岗位需要的工商管理类、公共管理类人才的需求暂时趋于饱和。"招工难"实质上是专用性人力资本供不应求,"大学生就业难"实质上是中国大规模的大学教育带来的通用性人力资本的结构性过剩。

(四)劳动力市场就业服务不健全

武汉城市圈信息网络建设起步较晚,没有形成全省联网、信息共享的网络平台,无法满足对劳动力供求海量数据处理、存储和交换的需要。同时,信息网络硬件数量不足,而且没有及时地更新换代。另外,公共职业介绍机构业务范围窄,工作人员不足,难以开展一些针对特殊群体的服务项目,难以提供个性化服务。有些公共就业服务机构尚未建立有效的激励约束机制,就业服务缺乏主动性和针对性;有些地方受经费限制,免费公共就业服务项目难以开展,影响了市场功能的发挥。这些都制约着城市圈内部人才的流动。

5.2.3　对策建议

1.为技能人才提供良好的融资环境和生活环境。制造业企业可以通过改善员工工作环境,增加员工福利,将工资水平与技能等级挂钩,构建和谐稳定的劳动关系。企业还应加大人才引进力度,通过多种形式大力引进高层次人才、紧缺急需人才和双高人才,重点引进高新技术产业、支柱产业、新兴产业、重点工程等领域所急需的专业技术人才、高层次经营管理人才。

2.建立全方位的技能人才培养机制。武汉城市圈劳动力市场面临的一个重要问题是剩余劳动力所具备的技能与工作岗位的需求之间存在着缺口,仅依靠企业对劳动力进行短期培训并不能从根本上解决这个问题,必须通过正式的职业教育和技能培训来提高劳动力技能。一方面,降低普通高等教育的比重,适度提高职业型专科教育和应用型研究生教育的比重。另一方面,职业教育应注重技能的掌握与应用,应建立技能人才的校企合作培养制度,形成职业教育与经济社会发展良性互动的双赢局面,有效降低技能投资的专用性和不可转让性的风险。

3.健全人才流动体系,完善武汉城市圈的劳动力市场。一方面,要创新人才引进机制,共享圈内城市人才智力资源。建设人才流动的"绿色通道",促进人才的自由流动,消除人才流动的体制性障碍,并对人才的"逆向流动"给予政策、制度上的倾斜,促进城市圈内制造业的均衡发展、齐头并进。另一方面,要建立多途径的就业信息渠道,促进劳资双方的信息交流,降低人才的搜寻成本,还要不断完善户籍管理、职称认定和个人档案管理等法规政策,协调好各市之间的利益关系,共同营造和谐的人才政策实施环境,促进武汉城市圈劳动力技能提升和制造业发展。

5.3　武汉市制造业信息化现状与对策

武汉市制造业信息化应用工程开始于 1999 年。目前,武汉市已经以 2 大重点产业基地(光电子信息基地、轿车制造业基地)为集群,以 100 家制造业骨干企业为示范,以 2 个"中心"(武汉市 CAD 工程技术研究中心、武汉市制造业信息化工程技术研究中心)为依托,开展了 3 个层面(普及单元技术应用的基础信息化、企业内部业务重组的集成信息化、企业间的信息化集成)的制造业信息化应用工作,并形成了以技术服务体系建设、公共服务平台建设、关键共性应用技术攻关和软件产业化为要素的武汉市制造业信息化工程格局。

5.3.1　武汉市制造业信息化发展现状

(一)信息化应用总体处于中级阶段

CAD、CAM、CAE、CAPP 等信息系统在制造型企业中得到了大量应用。企业利用这些计算机辅助设计系统,围绕产品的工艺设计、生产、装配等需求,在 3D 数字化设计、工艺设计、装配制造等方面进行了集成应用,重点突破了 3D 建模、标准件库建设、干涉性分析、产品装配演示、加工序列管理等共性技术,实现了设计制造一体化和无纸化,提高了企业的产品创新与开发能力,缩短了企业研发周期和制造周期,同时也提高了产品开发效率和质量,提升了企业的核心竞争力和技术创新能力。

大型制造业普遍实施了面向企业资源整合的 ERP 系统、面向客户关系管理的 CRM 系统及面向供应链管理的 SCM 系统。其中少数企业实现了信息系统的综合集成并将信息系统成功应用于产品研发、经营管理、财务运作、营销、服务等核心业务,有效实现了企业销售、采购、生产、库存、财务、成本等核心业务的信息化管理。通过这些信息系统的综合应用实现了从原材料采购、产品生产到产品销售等全程物流的可追溯性,实现了信息流、物流、资金流和经营管理业务的集成。更有不少企业注重企业管理模式、业务流程、管理组织和管理方法的同步变革,注重企业与业务伙伴(客户、供应商、配套厂家)之间(即产业链)的协同。ERP、CRM、SCM 等系统的应用逐渐增加了企业的经营绩效。

(二)信息化管理基础环境情况良好

武汉市制造业将信息化建设作为企业战略的重要组成部分,并将其作为重大的管理工程来实施,在信息系统的规划、选型、实施、企业网络建设和基础管理等方面予以高度重视。为了增强信息系统的使用效果,企业在实施信息化建设工作前普遍进行了充分调研,接受来自第三方的管理咨询,对企业的管理模式进行了创新,在标准化、规范化方面做出了较大努力,对企业业务流程进行了重组,为信息化建设创造了良好的环境。

(三)信息化提升了企业经营绩效和工作效率

大部分制造型企业通过实施基于计算机的企业级信息系统,对业务流程的主要环节进行自动化和集成化,使公共数据和业务活动在企业内外得到共享,使各部门可以在一个实时环境里生成和访问有关信息,增强了企业计划执行的有效性,以及各部门工作的协同性,提高了企业的经营管理能力。研究显示,在实施信息化后,企业资金周转次数加快,劳动生产力提高,按期交货率提高,生产成本降低,利润增加幅度在 5%～10% 之间。

由于广泛采用计算机进行数据传输和数据处理,企业的日常管理工作的效率得到提高。如财务成本核算、人力资源薪资计算时间显著缩短,数据的准确率、及时性得到大幅提高。

(四)电子商务成为企业信息化进程中重要发展方向

企业信息化是实现电子商务的基础,电子商务是企业信息化的更高阶段。电子商务实质上是企业商务活动的信息化进程。企业应用电子商务,将传统的商务流程电子化、数字化,以数据流替代了实物流,降低了企业运营成本,增加了企业对市场的敏捷反应度,同时突破了时间、空间限制,使交易可以在任何时间和地点进行,提高了企业经营效率。有少量企业建立了电子商务网站,并与企业信息系统无缝连接。电子商务的应用对提高客户服务质量、提高订单履行率、协调业务过程、降低制造成本等方面作用显著。通过互联网进行商务活动,是大势所趋。

5.3.2　武汉制造业信息化建设存在的主要问题

(一)企业管理水平制约了企业信息化的发展

制造企业信息化建设既是一个技术问题,更是一个社会问题,是一项复杂的工程。企业信息化要求企业的基础数据管理、业务管理、业务流程、信息处理更加规范化、标准化、制度化。目前,仍有不少制造业企业管理随意,各职能部门之间在工作上缺乏协作,造成管理数据准确性差,信息传递不及时,信息沟通不畅。在这样的管理环境下,信息系统难以发挥应有的作用。如某汽车配件生产企业实施了库存管理系统,但由于管理水平低,不及时更新物料入库、出库数据,导致整个库存管理数据不准确,不能有效地支持库存管理决策,耗资巨大的信息系统成为摆设。

(二)企业信息化需求不清晰

企业信息化的建设,应立足于企业生产经营的实际状况。有些企业的管理层思想观念落伍,对于信息化及企业如何信息化认识不足,提不出关于企业信息化发展路径的实质性建议,而是简单委托信息部门来处理这些问题。由于企业没有自上而下达成共识,各部门对企业信息化的重视程度不够,不深入调研企业各部门存在的关键性问题,也不深入研究如何利用信息技术对企业业务流程进行重组,无法准确描述企业信息化需求。由于需求不清晰,很多企业在进行信息系统选型时,缺乏系统的规划,往往盲目购买国外的信息化软件,购买的软件不能支持企业实际运营业务,在后期使用时需要根据行业的具体特点补充开发、打补丁甚至重新实施,企业信息系统难以发挥应有的作用。

(三)制造业信息化技术服务体系不完善

制造业信息化技术服务体系包括制造企业、软硬件厂商、政府、中介机构、专家和媒体。目前武汉市制造业信息化中介服务体系以具有政府背景的中介机构为主,民间中介机构规模小、专业性不强。政府大力支持并成立了武汉市 CAD 工程技术研究中心、武汉市制造业信息化工程技术研究中心,但对民间中介机构的支持力度不够,制造业信息化技术服务市场培育严重不足,企业寻求管理咨询和信息化建设方案的意识薄弱,技术服务还没有真正产业化,不能成为有效的经济增长的推动力量。

5.3.3　对策建议

(一)加强企业信息化建设治理工作

大部分企业在进行信息化建设的初期,都能够对信息系统在企业范围内的实施进行良好的规划,并提供组织、技术及资金上的保障。但在后续的应用过程中,缺乏持续的、必要的员工培训和改进。首先,企业信息化是个长期的过程。在此过程中,应始终坚持一把手工程,全员参与,确保企业 IT 组织与规划的健全。其次,信息化规划与建设内容要以企业发展战略为指引,并根据市场的变化和用户需求持续改进。再次,应建立健全的相关制度,使管理信息化绩效保持在一个合理水平,保证持续有效地支持管理工作。

(二)加强员工信息化能力培养,提高自身的信息化水平

企业信息化效果取决于使用企业信息系统的人。企业信息化的水平具体体现在 CAD/CAM 应用水平、ERP 应用水平、供应链管理水平、客户关系管理水平、电子商务应用水平等、信息系统辅助决策水平等方面。企业应打造一支既掌握信息技术,又具备管理知识、能力结构合理、技术过硬的"复合型"信息技术人才队伍。企业应针对以上方面建立完善的岗位培训课程体系,制定系统的培训计划和科学的激励机制,调动员工的积极性。一方面,注重引入和吸收先进的管理思想,提高管理水平,促进企业管理变革;另一方面,以优化的业务流程和较高的管理水平为基础,进行信息系统应用,保障和支持企业的信息化建设持续、顺利地进行和健康发展。

(三)注重产业链协同创新

目前多数企业主要围绕自身的核心业务进行信息化建设,只能实现局部优化。但从整个产业链的角度来看,依然效率低下,对市场需求反应迟缓,存在大量浪费。企业应积极吸纳供应链管理的思想,将企业级的信息系统向外延伸,连接客户和供应商,以满足企业在产业链上创新合作等方面的深度需求,实现企业间的信息集成,与上游、下游企业形成供需平衡、互惠双赢的供应链关系。而与银行、财税、证券部门进行信息集成,则有利于企业的资金和资本运作。

(四)加强制造业信息化技术服务体系建设

应该完善市场化、专业化的信息化技术服务体系。制造业信息化技术服务体系的主要目标是通过有针对性技术服务,满足不同规模、不同行业、不同信息化应用深度的制造企业的需要,主要的服务内容包括:(1)需求诊断,帮助企业明确信息化需求;(2)提出个性化的信息化解决方案,为企业信息化规划提供指导;(3)指导信息系统选型,根据企业行业特点和业务情况,为企业推荐合适的信息系统产品;(4)实施监理,作为第三方监理信息化工程的实施,确保实施质量;(5)效果评价,采用科学的评估方法,对信息化实施效果进行考评,以改进和完善信息化实施方案。一方面,政府应该在制造业信息化发展中发挥指导、协调的重要作用;另一方面,要充分利用现有的科研院所、科技服务部门,形成多层次的技术支持、培训和咨询服务体系,为企业提供信息化咨询、评价、示范、监理等服务。

(五)实施制造企业信息化示范工程

为更有效地推动武汉市制造业企业信息化的应用和发展,可采用"雁行"模式,建立一批企业信息化的"领头雁"。可以分三个方面设立标杆:①企业信息系统和电子商务系统集成,形成"数字化企业"雏形;②以企业内部信息化集成为重点的集成信息化应用工程;③面向企业间信息系统集成的供应链集成系统。

5.4 武汉城市圈制造业产权制度创新

城市圈的建立是具有地缘关系的城市之间,为谋求发展而在社会再生产的某些领域实行不同程度的经济联合与调节,从而形成一个不受区域限制的产权、要素、劳动力及资本自由流动的统一区域市场的动态过程。其目的是在区域内实行地区合理分工,优化资源配置,提高资源使用效率,促进联合共同体繁荣。

城市圈内城市旨在通过统一基本方略、统一规划布局、统一发展政策、进行资源整合等措施,建立合理的利益调节机制,健全有效的激励和约束制度,以最大限度地减少内部耗损,如恶性竞争、行政壁垒,保证本区域内部各个方面运作有序、分工科学、扬长避短和合作共赢,并能够做到可持续发展,从而使整个区域实现经济利益最大化,对外更具竞争力。

5.4.1　制度、产权制度与经济增长

(一)有效的制度可以促进经济更快增长

一般而言,传统的有关经济增长的模型主要是通过各种物质生产要素的变化去说明生产率的变化和经济增长与否,制度因素是被排除在外或作为已知的外生变量来考察的。新增长理论试图解决经济学中的一个最重要的问题:经济增长的根本原因。新的经济增长理论不仅将知识和人力资本因素引入经济增长模式,更为重要的是它确认了制度与政策对经济增长的重要影响。现代西方经济增长理论主要代表人物把经济增长的因素归结为人从事经济活动的愿望、经济制度、知识、资本、人口、资源和政府,认为"制度促进或者限制经济增长取决于制度对努力的保护、为专业化所提供的机会以及所允许的活动的自由"[①]。

诺贝尔奖获得者经济学家诺斯也提出了不同于传统经济学家的观点:对经济增长起决定性作用的是制度因素而非技术因素。他认为:"有效率的经济组织是经济增长的关键;一个有效率的经济组织在西欧的发展,正是西方兴起的原因所在。"

产业革命以来西方发达国家经济增长方式的转变以及中国经济的高速发展都证明了现代西方经济理论——有效的制度可以促使经济更快地增长。

(二)产权制度是经济增长的关键

产权是一个总体性的概念,一般包括所有权、使用权、占有权、处置权和收益权。诺斯认为,成功的产权制度安排是降低交易成本、提高经济效率、促进经济发展的关键。他根据10世纪到18世纪的英国、法国、荷兰和西班牙等国的经济发展绩效,指出"有效率的组织以造成有利成长的产权制度才是经济增长的关键"[②]。具体地说,制度在经济增长中的作用主要表现在:

(1)产权制度通过确立明确的规则,规定经济活动的流程,从而增加了信息的透明度,减少了经济活动的不可预见行为,降低了信息成本和交易成本,增进了经济活动的秩序。因为制度能鼓励人与人之间互相信任,减小人际世界的复杂性,有效协调人际交往,使人与人之间的合作能够顺利进行,从而降低经济主

---

①　阿瑟・刘易斯.经济增长理论[M].郭金兴,译.北京:机械工业出版社,2015.

②　诺斯,托马斯.西方世界的兴起[M].厉以平,蔡磊,译.北京:华夏出版社,2009.

体之间的合作成本,使社会能够把有限的资源用到实处,从而创造更多的财富。

(2)产权制度明确界定产权,保护个人自主领域,可以促使私人收益率逐渐接近社会收益率,使得经济单位有动力去从事经济活动和创新活动;产权的清晰界定还能有效地防止"搭便车"行为,从而极大地提高经济活动主体的积极性;产权制度合理的安排,可以清晰界定资源的产权,从而使经济活动主体在转让、获取和使用资源时减少成本,使得有限的资源可以得到合理配置。

(3)产权制度通过对财权利和知识产权的保护,激励人们不断采用新技术并鼓励人们不断进行技术创新,提高效率,提高资源的利用率,从而为经济发展奠定良好的基础。

总之,产权制度是经济增长的源泉,有效的产权制度能够使经济快速发展,而无效的制度则会严重地阻碍经济增长。

5.4.2　不同的产权结构与武汉城市圈经济增长

(一)产权结构与区域经济增长

市场经济中的资源配置问题,就是"生产什么、为谁生产、怎么生产"的问题,就是经济系统中各个要素之间的相互依赖、相互制约以及相互作用的形式和比例关系,是同一要素内部及不同要素之间的产权结构问题。

1.产权结构通过弱化风险,产生激励,增强合作

如果从区域经济增长的动力角度来看,产权结构较传统的经济增长要素更能影响经济的增长[1]。一是产权最初是作为财产权或者财产权利的简称而出现的,它体现的主要是人与人之间对物的法律关系的综合。不同的产权结构实际上就是产权因素的种类以及相互间的数量比例,或者构成产权因素的地位及相互间的关系。因此,不同结构的产权具有不同的激励或约束功能、外部性内在化功能以及资源配置功能。二是产权是可以分解的,产权的主体也可以是多个而不必然是一个。随着社会分工水平的提高,产权的可分割性可以被进一步细化,因此,产权的范围是动态变化的。某种或若干种因素的变化都会引起产权结构的变化,即产权结构具有动态性和由一种结构向另一种结构转变的属性。三是

---

① 年志远,徐涤非.产权结构视角下的区域经济增长[J]. 中共中央党校学报,2010(4):61-63.

一定时点上或特定时期内,产权具有时间上的同一性或不变性(也就是稳定性)是产权的一种内在属性。因此,可以通过产权制度使产权结构或产权格局制度化。

2.产权结构与区域经济增长的关系

(1)不同的产权结构从不同角度释放出对经济增长的作用。产权结构可以分解为产权占有结构、产权投资结构和产权运营结构①。具体而言,产权占有结构是从所有制角度来论述对区域经济增长的作用,也就是说不同的所有制往往带来不同的经济增长绩效,所有制结构的不合理会影响产权投资以及产权运营的实现,从而阻碍区域经济增长的实现。产权投资结构基于产权占有结构而展开,不同的产权占有会影响收益的可获得性,从而带来不同的激励效果,产生差异化的投资动力;产权占有结构的差异化所导致的投资结构主体的不同,会从效率角度影响区域经济增长。产权运营结构则可以理解为产权流转、转让结构,如果产权能够有效流转或转让,就会为了效益而运营产权,从而发挥对区域经济增长的作用。进一步讲,产权占有结构通过剩余索取权的行使来影响产权投资结构,产权投资结构从潜在利润的可实现性影响产权运营结构,产权运营结构的运行则可以从效率提升角度对稀缺资源进行优化配置,从而形成促进区域经济增长的因素。

(2)产权结构的完整性决定技术进步。从经济增长的视角来观察,提高生产效率决定于技术进步。人力资本投资导致知识积累,通过企业家的作用,知识积累体现在固定资产投资中,于是产生了技术进步。就是说,技术进步是通过投资实现的。在不同的产权结构下,投资的性质会有不同的表现。投资和技术的联系决定于生产者的积极性,特别是企业家的积极性。观察生产者积极性有两个维度。第一是内部积极性。第二是指积极性的发挥利用外部性获利的程度。生产者积极性高度发挥的一般条件是生产要素的报酬与其对生产的贡献之间的一致性,它主要受到生产要素产权完整性的影响。就内部积极性而言,生产要素选择性产权越完整,生产要素"怎样使用"的选择就越多,内部积极性的发挥就越充分②。

---

① 年志远,徐涤非.产权结构视角下的区域经济增长[J].中共中央党校学报,2010(4):61-63.

② 梁东黎.经济增长方式和发展方式的产权理论解释大纲[J].江苏社会科学,2013(2):79-87.

(二)产权结构、产权制度与武汉城市圈经济增长的互动

1. 通过产权制度的创新和产权结构的调整形成圈内产业集群

产权制度是市场经济的核心制度。武汉城市圈内产权制度的形成及产权结构的调整为产业集聚的发展提供了重要的前提条件。产业集群在本质上是一种产业间交易、分工的创新,它能节约交易费用、提高经济效率、提高企业抗风险能力。一方面,产权制度的创新和结构的调整减少了生产要素在区域之间流动的障碍,大大减少了要素的流动费用,降低了交易成本。另一方面,各种产权交易平台的建立为生产要素的流动提供了更大的市场范围,为产业集聚提供了重要空间平台。同时,产权制度的创新与产业结构的调整扩大了市场范围。

2. 通过产权制度的创新和产权结构的调整突破行政区域界限

20世纪90年代以来,我国地区间的经济发展差距明显拉大,地方政府作为地区决策、管理和利益主体对区域经济的形成和发展起到重要作用,其对区域发展的影响使我国区域经济发展呈现出与区域经济相对应的"行政区经济"的格局,具体表现为各地区行政规划对区域经济有刚性约束。武汉城市圈内武汉"一城独大",周边城市规模较小,经济实力较弱,中心城市与周边城市难以实现协调发展,也就难以形成双赢的局面。这种单向的,甚至扶贫式的增长模式,在没有利益共享的前提条件下,难以为继。而通过产权制度的创新与产权结构的调整能在实现全局利益的同时实现地区的局部利益,从而促进城市圈内各地区经济的共同繁荣。

3. 城市圈内经济增长促进产权制度的创新

城市圈内经济增长与区域产权交易市场之间存在着相互促进的因果关系。一方面,产权制度的创新与调整降低了交易成本,促进了产业集聚的形成,形成了规模经济效益,进而促进了区域经济增长,实现了圈内整体利益的增加。而另一方面,城市圈内部产权交易市场的建立和发展需要圈内经济实力的不断增强,城市圈内经济达到一定的规模、产业结构不断优化,产权交易市场才有存在和发展的基础。

(三)武汉城市圈制造业产权市场形成的障碍

从武汉城市圈发展现状来看,制造业各要素统一的产权市场的形成在一定

程度上还缺乏一定的基础与机制,主要表现在以下几个方面①:

一是武汉城市圈武汉"一城独大",产业结构明显优于其他周边城市,周边城市实力较弱,短期内难以与中心城市形成分工协作的关系。同时,周边城市规模较小,经济实力较弱,区域内经济差异明显,武汉的辐射聚集效应没有得到充分的发挥,缺乏形成统一产权市场的激励机制。

二是城市圈产业关联度低。一方面,武汉城市圈内集聚的分工和专业化程度不高,整个城市圈还没有形成科学完善的分工体系。另一方面,各个城市的产业趋同现象严重。武汉城市圈内各城市主导产业雷同,区域产业分工和空间开发的重点与优先区域不够明确,导致了产业的"断链",不利于比较优势的发挥,不能形成统一协调和整体联动,缺乏形成统一产权市场的产业基础。

三是产业层次不高,市场竞争力较弱。武汉城市圈产业整体竞争力不强。产业盈利能力差、产业能耗水平高、产业技术水平低。缺乏拥有自主知识产权和知名品牌、占据行业龙头地位、具有全球竞争力和影响力的优势企业。形成统一产权市场的动力机制缺乏。

四是体制障碍凸显。随着武汉城市圈建设的深入推进,各城市积极融入产业结构一体化进程。但是,武汉城市圈内各城市受地方短期利益的驱动以及"行政区经济"发展模式的影响,各自为政、市场分割,使各城市的产业市场尚不成熟,直接影响区域内资源要素的优化配置,缺乏形成统一产权市场的自由竞争的市场机制。

5.4.3 "互联网十"时代武汉城市圈制造业发展产权制度创新

(一)"互联网十"时代中国传统制造业亟须转型升级

"互联网十"是指利用信息通信技术以及互联网平台,把互联网与传统行业结合起来,创造新的发展生态。从20世纪80年代中后期开始,西方主要发达国家的产业发展进入了"数字资本主义阶段",此阶段的主要特点是:"随着信息技术的兴起,信息化和智能化成为生产方式的新特征;服务业、金融和高科技(电子、电信、生物工程和航空航天)是经济创新和领涨部门;教育、研发以及与提高人口质量相关的投入增大。此阶段的经济增长方式演变为知识创新带来的生产

---

① 参见本书第2章第4节、第4章第1节。

效率提高驱动型。"①

传统的制造业强国在最近两年加强了对制造业的规划，美国首先提出了"工业互联网"的概念，2014 年 4 月，AT&T、思科（Cisco）、通用电气、IBM 和英特尔在美国波士顿宣布成立工业互联网联盟（IIC）。德国在《高技术战略 2020》中将工业 4.0 作为重点项目，将工业升级为国家战略。国务院总理李克强在十二届全国人大三次会议上所作的政府工作报告中首次提出，要"制定'互联网＋'行动计划，推动移动互联网、云计算、大数据、物联网等与现代制造业结合，促进电子商务、工业互联网和互联网金融健康发展"。如今，全球制造业已经跨入数字化、网络化、智能化时代。

改革开放以来，中国制造产业取得了举世瞩目的成就，但大多数中国制造企业仍然停留在缺乏核心技术的低端代工层面上，这也使得中国制造业在全球市场缺乏核心竞争力，同时也面临着缺乏自主品牌的市场困境。全球权威数据调研机构欧瑞国际发布的数据显示，中国制造产品的产量占全球的 40.5％，但在海外市场的自主品牌占比却只有 2.9％。武汉城市圈制造业应该抓住"互联网＋"的历史机遇，加快转型升级。

（二）"互联网＋"时代传统制造业所产生的深刻变化

中国制造业整个产业的发展面临着巨大的挑战，但同时也面临着新的战略发展机遇。随着"互联网＋"时代的到来，全球制造产业正迎来新的大变革时代。"信息网络技术与传统制造业相互渗透、深度融合，正在深刻改变产业组织方式，加速形成新的企业与用户关系。"②这种变革，主要体现在生产组织方式和产业发展逻辑两个层面上③。

（1）数字化制造模式已经在全球兴起，这一快速发展的背景恰恰是互联网时代下用户需求越发差异化。为了满足用户差异化的需求，制造企业必须从传统大规模制造阶段向大规模定制阶段转型。智能化制造、模块化制造已经成为新的产业发展形势对全球制造企业的要求。

———————————

①　叶舟. 产业革命以来西方发达国家经济增长方式的变革及启示［EB/OL］.（2008-2-14）http：// news. sciencenet. cn/html.

②　王宝阳. 制造业的"后互联时代"［EB/OL］.（2014-7-30）http：// www. gkong. com.

③　孙京岩. 互联网时代为中国制造业带来机遇［EB/OL］.（2013-03-19）http：// tech. hexun. com.

（2）当互联网理念影响到工业生产和服务领域，就催生了众包设计、个性化定制等新模式。这些模式将促进生产者与消费者实时互动，使得企业生产出来的产品不再大量趋同而是更具个性化；在网络异地生产方面，信息网络技术使得身处不同生产环节、位于不同地理位置的企业之间的信息得以共享，使得在全球范围内迅速发现和动态调整合作对象、整合企业间的优势资源成为可能，从而让企业在研发、制造、物流等各产业链环节实现全球分散化生产成为可能；而在跨界融合企业方面，企业生产正在从以传统的产品制造为核心转向提供具有丰富内涵的产品和服务，直至为顾客提供整体的解决方案，而互联网企业与制造企业、生产企业与服务企业之间的边界日益模糊[1]。

（3）互联网时代的到来，进一步增强了产品过剩时代用户资源的稀缺性，促进了全球制造产业发展模式的战略转型。在传统发展模式下，制造企业的发展逻辑，只是停留在单纯的制造领域，在这一模式下，制造企业仅仅作为单一的产品生产环节存在，处于一种相对封闭的产业状态。由于不掌握用户资源，甚至不掌握核心技术，单纯地依靠制造的企业只能在产业链的低端徘徊。随着"互联网＋"时代的到来，单一的产品制造环节，逐步被市场竞争力边缘化。在产业发展生态扁平化的背景下，用户资源已经成为产业发展链条中最重要的环节。

（三）"互联网＋"时代制造业产权制度创新面临的机遇

"互联网＋"时代的到来不仅为整个行业带来了产业环境的变革，也带来了产权制度变革的机遇。具体来讲，主要体现在三个方面。

（1）应用网络化资源实现了企业无边界。互联网通过打通企业内部以及外部的墙，构建了一个开放型的平台型企业，使企业内部各部门之间及企业外部的利益相关方，能够围绕共同的市场目标，构建起利益共同体。

（2）利用网络化的组织能实现管理无领导。在互联网时代，企业与用户之间的阻隔被消除，在产品设计、研发、生产，甚至售后的过程中，企业可以随时与用户保持沟通，获取用户的反馈，及时更新软件，以及完善硬件。而网络技术下形成的将节点闭环的网状组织中，每个节点都能对用户迅速做出反应，最快速实现了对用户需求的把握和满足。

（3）利用网络化的用户，能实现供应链无尺度。用户需求的差异化，要求企业必须具备两大能力，一是把握用户需求的能力，二是满足用户需求的能力。只

---

① 王宝阳. 制造业的"后互联时代"[EB/OL]. (2014-7-30)http://www.gkong.com.

有具备这两个条件,企业才能稳定发展。在网络化战略指导下,企业供应链无尺度就是让用户参与到产品设计中来,通过全流程的用户参与,实现用户需求最大程度上得到满足。同时,通过组织架构创新、高效的供应链管理,可以基本实现按需定产,能加快资金周转速度与库存周转速度①。

5.4.4 以产权制度的创新推动"创新驱动战略"

(一)以"创新驱动战略"推动传统制造业转型升级

在"互联网+"时代下,传统制造业所依靠的要素,如成本优势驱动、大量投入资源和消耗环境的经济发展方式已经难以为继。武汉城市圈必须增强紧迫感,紧紧抓住机遇,及时确立发展战略,全面增强自主创新能力,掌握新一轮全球科技竞争的战略主动。习近平总书记在 2015 年 6 月两院院士大会上的讲话中指出,我国经济主要依靠资源等要素投入推动经济增长和规模扩张的粗放型发展方式是不可持续的老路。

实施创新驱动发展战略,就是要推动以科技创新为核心的全面创新,坚持需求导向和产业化方向,坚持企业在创新中的主体地位,发挥市场在资源配置中的决定性作用和社会主义制度优势,增大科技进步对经济增长的贡献度,形成新的增长动力源泉,推动经济持续、健康发展。

(二)实施"创新驱动战略"的关键是产权制度的完善与创新

"创新驱动"的本质是指依靠自主创新,充分发挥科技对经济社会的支撑和引领作用,大幅提高科技进步对经济的贡献率,实现经济社会全面协调可持续发展和综合国力不断提升。无论从国家层面来讲,还是科技组织层面来讲,实施创新驱动发展战略意义深远。

要实现创新驱动的目标,必须营造激励创新的公平竞争环境,建立技术创新市场导向机制,强化金融创新的功能,完善成果转化激励政策,构建更加高效的科研体系,创新培养、用好和吸引人才机制,推动形成深度融合的开放创新局面,加强创新政策的统筹协调。通过形成适应创新驱动发展要求的制度环境,为武汉城市圈制造业融合提供有力保障。营造激励创新的公平竞争环

---

① 孙京岩. 互联网时代为中国制造业带来机遇[EB/OL]. (2013-03-19) http://tech.hexun.com.

境,发挥市场竞争激励创新的根本性作用,营造公平、开放、透明的市场环境,关键是必须不断地健全和完善产权制度。可信和安全的产权制度是促进经济增长的必要条件。产权通过减少不确定性以及将外部性内在化,可以对经济主体产生激励作用。强化竞争政策和产业政策对创新的引导,促进优胜劣汰,增强市场主体创新动力。此外,还应该实行严格的知识产权保护制度,打破制约创新的行业垄断和市场分割,健全产业技术政策和管理制度,形成要素价格倒逼创新的机制。

(三)武汉城市圈制造业产权制度创新的实践

随着互联网日益深刻地介入生产和生活,"虚拟"产权市场越来越多地受到关注。传统产权市场受到地域分散、标的物标准化程度较低等问题制约,而武汉城市圈在产权市场没有统一的情况下,也呈现交易效率偏低、价格发现功能发挥不足等问题。"互联网+"时代为产权交易市场解决这些问题提供了有效的整合手段。利用形成互联网产权市场所依托的互联网技术、移动通信技术、搜索引擎等现代信息技术能够创造出可以实现各种形式的产权在线交易、支付结算及信息共享等功能,并能联结金融市场、物流市场等相关市场的新型产权市场。"大数据"大大拓展了产权市场的业务领域,推动了市场化业务的开展,同时也丰富了产权市场的竞价方式。

《国务院关于武汉城市圈资源节约型和环境友好型社会建设综合配套改革试验总体方案的批复》中明确提出要"推动武汉光谷联合产权交易所成为覆盖多种经济成分、多功能、多层次的综合性产权交易机构"。武汉光谷联合产权交易所在构建湖北特色的现代产权市场体系、推进城市圈区域性产权市场发展等方面开展了一些创新探索,取得了一定的成效。

1. 创新交易平台,形成了多种专业交易平台

2011年湖北省人民政府出台了《关于进一步加快湖北产权市场建设的意见》,提出全省产权市场建设的总体目标,要求力争到"十二五"期末,形成以股权、知识产权和排污权交易为主,以各类资产处置为辅的多层次、多功能、多板块、多元化的华中区域性产权市场交易中心,并提出了相应的配套措施。专业交易平台的建立激活了市场交易,截至2016年5月,光谷联合产权交易所旗下的武汉股权托管交易中心累计实现产权交易额50.73亿元,融资总金额251.99亿元,形成了强大的物流、信息流、资金流和投资流。

2. 创新服务功能,从单一功能向多功能转变

随着产权市场的发展和成熟,产权市场在集聚大量资源的基础上,积极推进延伸服务,增强了服务功能。产权市场可为企业提供股权登记托管、股权质押融资、技术合同认定登记、知识产权质押融资、并购贷款、科技成果推介等延伸服务。武汉股权托管交易中心充分利用平台优势,开展股权登记、托管、交易、过户、融资业务。截至 2016 年 5 月,托管登记企业总数达到 1828 家,托管总股本达到 1012.11 亿股;股权挂牌企业 1044 家,实现融资总金额 251.99 亿元,有效缓解了中小企业融资困难。

2010 年 10 月,武汉知识产权交易所成立以来,每月与大专院校专场组织重大科技成果推荐(拍卖)会,推介重大科技成果 1048 项,促成 92 项实现校企合作,成交额达 4880 万元。与国家知识产权局共同搭建了“湖北省专利投融资综合服务平台”,整合全省专利投融资相关资源,建立了集专利推介、交易、投融资、培训于一体的专利投融资服务体系,并在湖北省各市搭建了专利投融资服务网络。平台运行以来,吸纳金融、评估、担保会员机构近百家;累计促成专利质押贷款项目 86 个,融资总额达 20.8 亿元。其中,上市公司深圳格林美环保科技有限公司通过该所在国家开发银行湖北省分行成功获得 3 亿元专利质押贷款,在全国产生了良好的示范效应。

3. 创新市场体系,从单一层次向多层次转变

近年来,城市圈内的独资或控股公司大多设立了二级子公司,以产权交易机构清理整顿和法院涉讼业务进场交易为契机,高效推进分支机构的产权型改造和标准化建设。在信息化建设方面,依托互联网,已经形成了湖北省内的产权项目信息联发系统、产权交易系统、网络竞价系统、信息发布系统,形成了满足现有业务需求的应用体系;与国务院国资委信息监测系统和湖北省纪委实现了对接,提高了信息化监测水平;通过远程接入系统,汇集全省交易数据,为“1＋8”城市圈内共享交易信息资源、构建多层次的信息网络架构提供了条件。

4. 五大要素交易平台正在筹建

在“互联网＋”发展中起着重要支撑作用的大数据,正在成为全球新的资产“金矿”。华中地区首家大数据交易所——长江大数据交易所(筹)在光谷资本大

厦揭牌①。据相关统计,2014 年,全球大数据市场规模达到 285 亿美元,同比增长 53.2%。长江大数据交易所由武汉市政府发起并推动设立,通过线上、线下各种服务方式,立足武汉,重点辐射长江经济带和华中地区,面向全国提供完整的数据交易、支付、结算、交付、安全保障等综合性服务。

2015 年 7 月 22 日,长江众筹金融交易所(筹)、东湖大数据交易中心、众创空间交易所(筹)和武汉陆羽国际茶业交易中心同时揭牌。长江众筹金融交易所,通过 PC 网站和移动 APP 提供股权众筹、债券众筹、知识产权众筹、产品众筹、项目众筹等多种交易和服务,致力于打造长江经济带和华中区域第一股权众筹平台;武汉东湖大数据交易中心,以打造"数据交易的淘宝网"为目标,努力建设全国重要的大数据资产的采集加工中心、交易中心、定价中心、金融服务中心、管理中心和质量控制中心;众创空间交易所通过网上平台汇集创业企业、投融资机构、创业服务机构等,成为"无边界创新创业园区";武汉陆羽国际茶业交易中心,以互联网思维建设第三方茶检测交易和金融服务综合性平台。

除 5 家要素交易所之外,光谷应收账款交易结算中心、华中石化交易中心、民生电商大宗商品交易中心等要素市场也已正式获批,正在筹建之中,它们将共同助力东湖高新区打造全方位、多层次、全要素的华中地区要素集聚交易中心,促进市场在资源配置中发挥决定性作用,为推动"大众创业、万众创新"、服务武汉城市圈制造业发展做出积极贡献。

参 考 文 献

[1] Levine R. Financial Development and Economic Growth：Views and Agenda [J]. Journal of Economic Literature，1997，35 (2)：688-726.

[2] Rajan，R G，Zingales. Financial Dependence and Growth [J]. American Economic Review，1998，88 (3)：559-586.

[3] 刘军虎. 我国金融业发展对制造业结构优化的影响研究[D]. 长沙：湖南大学,2013.

[4] 韩立岩,王哲兵. 我国实体经济资本配置效率与行业差异[J]. 经济研究,2005(1):77-84.

---

① 郑青,李丹丹. 五大要素交易平台在光谷揭牌 武汉开启大数据交易[EB/OL]. (2015-07-22)http://news.cnhubei.com/xw/wuhan/201507/t3325894.shtml.

［5］唐力维. 产业结构优化与金融支持研究——基于发展新兴产业的视角［D］. 成都：西南财经大学，2013.

［6］刘丽亚，雷良海. 我国工业行业资本配置效率差异分析［J］. 金融经济，2012(6)：84-86.

［7］林毅夫，章奇，刘明兴. 金融结构与经济增长：以制造业为例［J］. 世界经济，2003(1)：3-21.

［8］银国宏. 中国资本市场与产业绩效关系研究［M］. 北京：经济管理出版社，2005.

［9］马强，董乡萍. 金融服务业支持制造业发展的评价模型研究［J］. 东南大学学报：哲学社会科学版，2010，12(3)：74-80.

［10］江红莉，李超杰. 金融发展对制造业全要素生产率增长的驱动研究——基于江苏省数据的实证分析［J］. 经济论坛，2011(5)：154-161.

［11］刘建民，吴飞，吴金光. 湖南战略性新兴产业发展的金融支持研究［J］. 湖南大学学报：社会科学版，2012，26(6)：67-72.

［12］章睿，王越，孙武军. 区域经济转型升级的金融支持研究［J］. 软科学，2012(8)：68-72.

［13］宋智文，凌江怀，王健. 高技术制造业金融支持效应研究［J］. 统计与决策，2013(5)：166-169.

［14］马军伟. 金融支持战略性新兴产业发展的内在机理研究［J］. 科技管理研究，2013(17)：16-19.

［15］张晓昱. 重庆制造业发展与金融支持研究［D］. 重庆：重庆大学，2004.

［16］袁云峰，曹旭华. 金融发展与经济增长效率的关系实证研究［J］. 统计研究，2007，24(5)：60-67.

［17］陈冠宇. 中小银行在中小企业融资中的作用探析［J］. 黑龙江金融，2011(7)：62-64.

［18］张荣昌. 正确认识民间金融的作用［J］. 农业与技术，2006，26(6)：187-188.

［19］苑德军. 民间金融的外延、特征与优势［J］. 经济与管理研究，2007(1)：45-49.

［20］刘兰，肖利平. 技能偏向型技术进步、劳动力素质与经济增长［J］. 科技进步与对策，2013，30(24)：32-35.

［21］朱颐和. 论武汉城市圈科技人才流动机制的构建［J］. 当代经济,2009 (2):110-111.

［22］夏黎. 促进武汉城市圈制造业基地建设的高技能人才培养对策分析［J］. 现代企业教育,2012(5):246-247 .

［23］陈德刚. 武汉城市圈人力资源现状及一体化战略［J］. 现代企业,2010 (10):27-28.

［24］Galor O,Moav O. Ability Biased Technological Transition,Wage Inequality and Economic Growth ［J］. The Quarterly Journal of Economics, 2000,115(2):469-497.

武汉城市圈制造业总部经济发展研究

6.1 总部经济的基本概念

在我国以往的研究中,不同的学者对于总部经济的定义都有所不同。学者赵弘指出总部经济这种经济发展模式是伴随着经济全球化的发展而产生的一种特殊模式,它的特点是通过在某个特定的地域范围之内提供优质资源从而引进各种企业的总部,形成总部的规模效应,然后借助产业分工,将企业的制造工厂等生产源头建立在总部区域的周边,由此构建出一套具有价格差异区间的分工合理的经济链。庞毅认为总部经济的产生与总部的设置有着直接的因果关系,总部经济这种模式的诞生及存在是由于总部所在的地域因其强大的经济影响力使得相关联的配套设施与服务产生出与之趋于相同空间布局的结构,并由此形成地域上的集中。目前,赵弘的观点属于主流概念。王军、魏建则认为现阶段对于总部经济的定义有些片面,研究者的眼光过于局限于制造业领域而忽视了其他的领域;通过概念来定义总部经济,仅仅是做到了从总部所在地和制造业基地所在地的经济形态来考虑问题,而并没有从总部所依托的城市角度来思考,没能将城市政治、经济、文化等因素考虑在内。

6.2 国内外总部经济发展对比研究

6.2.1 国外典型总部经济聚集区发展实践

城市新老城区发展所导致的城市制造业向外部迁移所产生的"城市空洞"问题亟须通过大力发展总部经济聚集区来解决。同时,总部经济对于城市功能的提升、城市产业结构的优化都能起到良好的推动作用。现阶段,我国的总部经济建设相较于发达国家还有一定的差距,学习和借鉴国外的经典案例有助于我国在今后的发展中少犯错误,少走弯路。

(一)纽约曼哈顿 CBD

曼哈顿商圈是纽约市的商业核心地带,总面积约占纽约市中心面积的 7%,人口数量有 169 万,是美国纽约市 5 个行政区之中人口最稠密的一个,也是面积最小的一个行政区。作为世界上发展最早的并且是有名的商业区,曼哈顿商圈的发展模式显然是值得参考和借鉴的。

曼哈顿集中了纽约大约 90% 的金融、保险、银行等机构。在一条条街道上高楼林立,全美甚至各国的一些大型公司均将总部设置于此。同时曼哈顿也是纽约的文化中心,大都会博物馆、百老汇等都在曼哈顿。高密度的商业集聚为曼哈顿带来了超过 240 万个就业岗位,岗位数量约占全纽约总就业岗位数量的 70%。

曼哈顿的原始中心区就是目前的老城区,但是随着城市的快速发展,老城区的基本设施日益显得落后,老城区的夜晚出现了"空洞化"现象。在政府的引导下,新建立的中城区便很好地解决了这一问题。

(二)东京新宿

新宿作为东京的商业中心拥有大规模的商业办公写字楼及高层建筑,在东京具有重要地位,是东京的重要经济区域。大量银行、保险等金融机构汇集于此,同时,新宿还吸引了很多文化、贸易、IT 等企业的进驻,并且新宿也已经成为便利的交通枢纽,很好地分担了东京城中心区的交通压力。

新宿的地下商务中心也伴随着新宿整体的经济一同飞速发展着。在 20 世纪 70 年代新宿就形成了繁华的地下商业中心。地下商务空间不仅缓解了地面交通设施压力,也充分发展了商业经济,对于新宿商业中心的形成有重要作用。商业综合体的形成为商业区的发展提供了完善的配套设施,从而营造了良好的商业氛围。

(三)巴黎拉德芳斯

为了构建出一个能够更好地提供商务服务的场所,巴黎市政府于 1958 年在拉德芳斯区开辟了新的卫星城区。新城区的开辟能够有效缓解原巴黎城区巨大的交通压力和人口压力,并且新城区的建设使得经济和商务区域充分转移和扩展,这有效地维护了巴黎历史遗迹的整体风格。按照新区建设规划,拉德芳斯区被建设成为集商务办公、娱乐休闲、居民居住等多种功能于一身的超强商务综合体。目前,全法国已有超过半数的大型企业进驻到拉德芳斯,拉德芳斯成了全法国规模最大的办公区域。巴黎拉德芳斯发展情况见表 6-1。

表 6-1　巴黎拉德芳斯发展情况

面积（万平方米）	先期开发面积(万平方米)		写字楼总面积（万平方米）	企业数量(个)		就业人数（万人）
	商务区	住宅、公园		总数	金融企业	
750	160	90	250	1600	200	15

资料来源:百度百科 http://baike.baidu.com/。

拉德芳斯作为新城,一方面,缓解了巴黎市区拥挤的交通压力,新城的建设也有助于巴黎的经济发展,另一方面,避免了因为经济发展对原有城区布局结构的破坏。通过对拉德芳斯区的研究我们可以发现其成功的因素在于以下几点:首先是新区的规划与配套设施建设确保了拉德芳斯整体开发的合理性;其次是便捷的交通体系保证了区域办公的高效率;再者是完善的配套设施增强了综合服务功能;最后是良好的景观、文化环境不断丰富了拉德芳斯的内涵。

6.2.2　国内外总部经济对比研究

通过总结以上国际总部经济发展的经验,可以看出我国城市圈发展还存在很多不足之处。主要体现在以下几个方面。

(一)国内城市圈发展时间短

相对于国外经济发展,我国城市圈起步晚、发展时间短。我国在 2002 年首次提出总部经济的概念。自此,城市圈问题引起国内普遍关注。国内许多大城市纷纷开始城市圈建设的规划,到现在已经形成了长江三角洲城市圈、珠江三角洲城市圈、环渤海城市圈、长江中游城市圈、郑州城市圈等。

(二)我国跨国公司国际化水平低

"跨国化指数"是衡量一个跨国公司水平高低的指标,是指一个跨国公司的海外投资占总投资的比重。在发达国家,跨国公司的跨国化指数可以达到 60%以上,而我国跨国公司的跨国化指数只有百分之十几。

（三）创新能力低

我国经济起步较晚,具有强大经济实力的跨国企业屈指可数,跨国企业中含有大量的依靠国家力量扶植的央企,例如中石油、中石化、中移动等,这类能够进入世界500强的央企依靠长期的资源垄断和政策红利来发展,而不是依靠自身的创新来抢占市场。随着十八大提出要让"市场在资源配置中起决定性作用"以及不断深化的经济改革,长期形成的惰性思维可能会导致这类创新能力低的跨国企业生存艰难。

（四）我国跨国公司还缺乏核心产品与核心品牌

目前,我国能够走出国门的知名跨国企业,如海尔、联想、华为等拥有自己的品牌和核心技术,因此能够抢占一部分海外市场。同时又有一定数量的企业虽然能将产品远销海外,但是由于其自身创新能力的不足以及缺乏关键专利技术,在海外市场的竞争中屡屡碰壁。

6.2.3　国外总部经济聚集区发展经验借鉴

世界知名总部经济聚集区概况见表6-2。从表格的内容中我们可以明显看出:不同国家之间的总部存在着些许差异,但整体大致相同。

表6-2　世界知名总部经济聚集区概况

聚集区名称	规划建设时间	基本建成时间	主要功能	聚集区规模	投资来源(政府投资/私人投资)和政策	建设时间
纽约曼哈顿	18世纪开始	20世纪70年代	金融、商务	58平方公里,地产价值占纽约53%	1:20,主要通过税收优惠和提高容积率吸引投资	约170年
伦敦金融城	17世纪末开始	20世纪70年代	金融、商务、贸易	11平方公里	几乎全额由私人资本建设,《约翰国王大宪章》规定金融城的自治模式	约270年
巴黎拉德芳斯	1958年	1992年	商务、金融	250公顷,集中了一半的法国最大的企业		34年

续表 6-2

聚集区名称	规划建设时间	基本建成时间	主要功能	聚集区规模	投资来源(政府投资/私人投资)和政策	建设时间
东京新宿	1958 年	1986 年	商务、金融	96 公顷,集聚了 160 多家银行,就业人口 30 万人,日人流量 300 万~400 万人次	1∶46,规划和政府带动,市场需求推动	28 年
卢森堡金融区	20 世纪60、70 年代	20 世纪80 年代末	基金、贸易	全球顶级的 30 家银行在此设立分支机构,拥有 2150 支基金,8500 多家投资基金机构,净资产 1.65 万亿欧元	严格而有效率的金融监管体制和法规	约 30 年
新加坡水仙门	20 世纪60 年代	20 世纪90 年代	商务、金融	82 公顷,500 万平方米商务写字楼		约 30 年
悉尼CBD	20 世纪60 年代	20 世纪80 年代	金融、商务、文化	2.2 平方公里,460 万平方米写字楼和配套设施	1∶13,通过规划和基础设施建设引导私人投资	约 20 年
蒙特利尔 CBD	20 世纪初	20 世纪60 年代	商务	6 平方公里	通过一揽子优惠政策促进私人投资	约 60 年
法兰克福萨克森豪森	20 世纪初	20 世纪80 年代	会展、金融			约 80 年

资料来源:根据各个城市的官方数据整理而来。

通过总结国外总部经济建设经验可以看出来,总部经济建设是一个长期发展的过程,一般需要几十年或者上百年的时间。一些由政府规划开发的新城,虽然发展时间较短,但是因为有政府的支持,也很快形成了相对健全的配套设施。但不论哪种形成方式,都需要有合理的布局、长远的规划、配套的设施、稳定的环境、适当的政策以及完善的制度。只有满足这些条件,总部经济才有可能实现长期发展。

6.3　武汉城市圈制造业总部经济发展现状

6.3.1　武汉城市圈基本概况

武汉城市圈不仅位于长江流域的中部,而且是中部六省的中心地带,东边是"长三角"经济圈,南边与"珠三角"经济圈接壤,西依"大三峡",可谓地理位置得天独厚。武汉城市圈是全国有名的高校名区,科技优势明显,其中武汉高校数量位列全国第二位,强大的科技实力为武汉城市圈的快速发展提供了强大的智力支持。此外,武汉城市圈内各城市集聚着具有不同特色的文化资源与自然资源,见表6-3。

表6-3　武汉城市圈各城市资源列表

城市	文化资源	自然资源	人才资源
武汉	黄鹤楼、红楼、东湖、归元寺等	水资源丰富	武汉市人才资源丰富,教科实力雄厚,高层次人才密集,综合科教实力居全国大城市第三位,圈内其他城市也有一定的人才资源基础,武汉市与圈内其他城市科教人才资源形成了梯度分布和整合趋势
黄石	铜绿山古矿遗址、西塞山古战场等	丰富的矿产资源	
鄂州	吴王古都、古灵寺景观等	"两湖"、"两山"	
黄冈	黄梅戏、李时珍中草药文化,众多革命烈士陵园和纪念馆	农副土特产品丰富	
孝感	深厚的"孝"文化底蕴	森林资源丰富	
咸宁	赤壁古战场、羊楼茶马古道遗址	温泉名都	
仙桃	剪纸、皮影、贝雕艺术	浓郁的水乡特色	
天门	"茶圣"陆羽、诗人皮日休等文化名人和花鼓戏、皮影戏等民间艺术,教育水平很高,是全国著名的"状元之乡"	水产资源丰富,原盐、无水芒硝、石油的储量相当可观	
潜江	"天下第一台"的东周楚灵王离宫章华台和文坛泰斗曹禺等	地上产粮棉油,地下富藏油气盐	

资料来源:湖北省人民政府网站 http://www.hubei.gov.cn/。

6.3.2　武汉城市圈制造业总部经济发展现状

2007年12月,"两型社会"综合配套改革试验区成功地在武汉城市圈启动。

武汉城市圈努力追求一种新的发展思路,努力改变以往的粗放型增长模式,其目标有三个:一是优化结构,二是提高效益,三是保护环境。促进制造业总部经济发展是实现"两型社会"的发展目标的关键所在,制造业总部经济的发展有利于制造业的发展,同时,制造业的进步也是总部经济发展的不竭动力。武汉城市圈制造业总部经济发展,事关武汉城市圈的经济发展,事关武汉城市圈的深远发展。2014 年在国内外经济形势风云变幻的局势以及我国经济发展进入新常态的背景条件下,武汉城市圈合理调整战略布局,积极主动应对各种变化,制定并实施了一整套刺激政策,使城市圈经济维持在健康和可持续发展的水平。2014年武汉城市圈第一、第二、第三产业生产总值见表 6-4。

表 6-4　2014 年武汉城市圈第一、第二、第三产业生产总值(亿元)

	第一产业生产总值	第二产业生产总值	第三产业生产总值
武汉	350.06	4785.66	4933.76
黄石	105.03	723.45	390.08
鄂州	81.15	407.19	198.3
孝感	252.17	664.36	438.19
黄冈	375.12	586.1	515.93
咸宁	172.03	476.59	315.63
仙桃	83.96	295.99	172.32
天门	78.1	209.69	114.07
潜江	68.07	316.86	155.29
合计	1565.69	8465.89	7233.57
全省	3176.89	12852.4	11349.93

资料来源:《湖北统计年鉴 2015》。

　　2014 年,武汉城市圈生产总值为 17265.15 亿元,占全省的 63.1%,增长3.6%。武汉城市圈是湖北省经济发展的核心力量,也是我国中部地区人口密度、经济密度最大的区域。从 2010 年到 2014 年,随着对"1+8"城市圈产业结构不断地进行调整,城市圈的产业结构日趋合理。从表 6-4 中可以算出"1+8"城市圈的产业结构为 10∶54∶46,呈"二三一"结构特征。整个城市圈内只有武汉市的产业结构实现了由传统产业向现代产业的升级换代,而其余 8 个城市的产业结构均有待于从"二三一"向"三二一"转变。

6.4　武汉城市圈制造业发展总部经济的优势与不足

6.4.1　武汉城市圈制造业发展总部经济的优势

(一)政策优势

武汉作为省会城市,在建设武汉城市圈的过程中享受了一些优惠政策。近年来,武汉抓住了这个机遇,城市圈加快了发展的步伐。尤其是"中部崛起"战略的实施,增强了对各类企业的吸引力,跨国公司和大型企业集团纷纷来武汉投资,为武汉城市圈建设提供了历史性的机遇。

(二)地域优势

武汉具有明显的地理位置优势,交通便利,区位优势明显。此外,武汉自然环境优越,基础设施完善,还有良好的历史人文环境,是华中地区发展总部经济最合适的城市。

(三)人才优势

武汉具有丰富的教育资源和人才优势,高校数量在全国名列前茅,规模仅次于北京和上海,为总部经济的发展提供了重要支撑。另外,武汉在生物工程、电子信息和互联网等方面也有很高的发展水平,尤其是光谷创业中心的成立,引起了互联网巨头的注意,百度公司、阿里巴巴集团和腾讯公司创始人先后来武汉进行考察和演讲。

6.4.2　武汉城市圈制造业发展总部经济的不足

(一)总部经济产业链结构不合理

目前,"1+8"城市圈的这几个城市在发展速度、发展质量、发展水平以及产业结构等诸多方面尚存在一定的差距。武汉市三大产业比例为 1:14:14,说明武汉市的工业企业正在逐步迁出,服务业企业的发展规模正在逐步扩大。鄂州、黄冈、仙桃、潜江这四个地区的三大产业比例分别为 10:24:24、10:13:13、10:20:20、10:22:22。说明这四个地区三大产业的差距不大,比较平均,仍处于工业化初期起飞阶段。黄石、孝感、咸宁、天门这四个地区的三大产业比例分别为10：68：37、10：26：17、10：27：18、10：26：14，产业结构均为"二三一"结构，已进入到工业化中期阶段，但是现在依然以传统制造业为主。

(二)各城市总部经济职能分工不明确

产业雷同是指地区之间产业雷同，定位模糊，没有特色，并且在规模上相当。目前，从武汉城市圈发展状况来看，武汉城市圈各城市已经形成一些主要的优势产业，比如高新技术、生物医药、汽车制造、食品加工、纺织面料、金属有色等，这些优势产业对于形成产业集群、促进经济发展具有积极作用。但应该看到的是，各城市主导产业定位模糊，多有雷同，特色不明显，分工不明确，而且城市之间的比较优势不显著，导致同质竞争激烈，对武汉城市圈各城市分工合作、互惠互利、一体化发展有不利影响。

(三)总部经济竞争力不足

目前，虽说武汉城市圈各城市通过不断地发展，已经形成了各自的主导产业，但是存在一个非常严重的问题，那就是总部经济的竞争力不强，导致经济发展滞后，对于其他城市经济带动能力弱。区域产业只有具有很好的竞争力才可以成为总部经济龙头。就现实情况来看，象征着总部经济强度的二十多个主导产业指标都偏低，这充分说明主要制造业的总部经济竞争力有待提高。

6.5　武汉城市圈制造业发展总部经济的对策建议

6.5.1　明确定位总部经济，大力发展制造业主导产业

总部经济的发展可带动区域经济发展，提高产业竞争力。表2-10列出了圈内各城市的主导产业。各城市需对自身的主导产业进行明确定位，并在大力发展传统产业的同时引进新技术，研发新产品，使传统产业更具活力。对以光电子信息、生物医药、新材料和光机电一体化等产业为代表的新型技术产业必须加大投入力度以促进其发展①。

---

① 引于武汉城市圈总体规划纲要(2007—2010)。

6.5.2　争取政府政策支持,加强完善对城市圈的财政补贴

发展总部经济必须有坚实的经济后盾,应该大力争取中央和湖北省政府的支持,主要包括多方位的政策倾斜和资本投入。第一,加大资金资源的投入。武汉城市圈目前的产业结构整体而言是第二、第三产业产值比重趋于相同,但是部分城市依然以工业为主导,对此,必须采取加大投资补贴和奖励的办法,对制造业的主导产业进行倾斜,对外来主导产业投资进行政策扶持和引导,大力发展总部经济,发挥主导产业的带动作用。第二,实行税收制度改革。利用税收减免减负的优惠政策,对先进制造业企业进行扶持。第三,建立良好的投资环境。良好的投资环境的建立有利于城市圈先进制造业企业获得更有利的投资契机,促进制造业的升级,以满足湖北省建设"两型社会"的要求。

6.5.3　完善一体化产业布局格局

尽管武汉的综合中心性指数在全国排名仅次于上海、北京、广州、深圳、天津市,但武汉自身的经济实力、集聚功能和扩散功能不够强大。近年来,总部经济被频繁地列入区域经济增长"主力军"的行列中,武汉作为华中地区特大城市、经济中心,更应大力发展总部经济,以一种全新的经济发展模式来提高综合实力,努力完善从金融集散地到旅游集散地包括物流、信息、科技集散地在内的五大中心功能,发展成为武汉城市圈各城市的圈域龙头,帮助扶持其他城市共同携手一起实现武汉城市圈跨越式发展。同时,要实现城市区域一体化必须加强各城市之间的沟通交流,协调各城市的发展中心和发展重点,避免因发展方向和方式的雷同造成同质竞争,从而导致不必要的浪费。在整个城市圈中,武汉作为中心城市,应该发挥自己的优势,在大力发展自身的同时带动其他城市共同发展,将武汉市的优势资源逐步向周边城市渗透以实现城市间的资源流动、互通有无。

"1+8"城市圈发展的六大特色产业带见表6-5。武汉作为"龙头"应该辐射带动周边城市各产业发展,相互协作,互惠互利,形成以"总部经济"为特征的一体化格局。

表6-5　六大特色产业带

编号	龙头	特色产业带
1	武汉东湖高新	包括葛店、鄂州、黄州、黄石的高新技术产业带
2	武钢	包括鄂州、黄石、大冶、阳新在内的冶金建材产业带

续表 6-5

编号	龙头	特色产业带
3	武汉经济技术开发区青山海峡两岸工业园	环城市圈设备及电器、电子元器产业带
4	武汉纺织服装产业带	包括仙桃、潜江、黄石、鄂州、黄冈、孝感、咸宁的环城市圈纺织服装产业带
5	化工产业带	包括云梦、应城、武汉、仙桃、潜江以盐化工和石油化工为主的化工产业带
6	环城市圈农副产品	环城市圈农谷产品加工工业产业带

资料来源:人民网,http://www.people.com.cn/。

6.5.4 发展总部经济的服务业以带动城市圈制造业

现代服务业作为衡量地区经济与社会现代化水平的重要标志,为制造业的发展升级提供了资本支持和流通保障。要想使武汉城市圈真正地实现经济发展的"大跨越",现代服务业的发展水平是一个突破口。应该大力发展服务业,优化产业结构,促进武汉城市圈长远发展。因此,需要统筹制定加快现代服务业发展的优惠政策,突破一些机制的制约,比如经济体制、管理机制和人才吸纳政策,努力打造一个全新的、现代化的投资发展的服务业外部环境;合理制定适合"1+8"城市圈的服务业发展规划,有节奏地推动城市圈服务业发展。具体而言,运用各种财政金融政策等手段,将各自资源要素适当、合理地分配,并且使其向其他领域流动,打造具有各自特色的服务产业,加快促进各市的现代服务业的分工以及合作,优化各城市服务业产业结构。同时,应该调整信息服务业,大力发展文化旅游业,促使武汉城市圈产业结构从"二三一"大步地向"三二一"迈进。

武汉城市圈制造业必须大力发展总部经济来促进各城市的联动发展。促进制造业的主导产业在武汉集聚,发挥总部经济对周边城市的辐射作用,带动整个产业链的经济发展。首先根据各自的特色选择适合自己的主导产业,其次必须对主导产业采取扶持政策,加大投入力度,促进竞争力不断提高。圈内各城市应该明确定位各自的城市功能和产业发展,避免同质竞争,加强合作,形成一体化格局。与此同时政府必须大力发展现代服务业,提高第三产业比重。只有这样,武汉城市圈的产业结构才能不断优化,才能促进武汉城市圈制造业总部的经济发展,武汉城市圈才能可持续发展。

参 考 文 献

［1］吴怀志.武汉总部经济发展战略研究［J］.长江论坛,2015(3):36-40.

［2］张泽一.北京总部经济的特点及提质升级［J］.经济体制改革,2015(1):59-63.

［3］曹湛.总部经济与中心城市产业升级互动关系的研究［J］.中国商贸,2014(7).

［4］张萤雪.总部经济理论研究综述［J］.沈阳师范大学学报:社会科学版,2014,38(4):69-71.

［5］湖北省统计局.湖北统计年鉴2014［M］.北京:中国统计出版社,2015.

［6］许蓝月,黄凌翔.境外总部经济的发展经验及对我国的启示［J］.科技管理研究,2014(16):104-108.

［7］覃泽林,曾志康,邓慧灵,等.南宁市发展农业总部经济探析［J］.南方农业学报,2014,45(6):1126-1130.

［8］Duan X H. The Preformance Evaluating Method for Taobao Network Marketing Strategy Based on AHP Algorithm［J］. Information Communication and Management,2011,(16):33-37.

［9］Yang T. The Analysis and Case Study on Marketing Management Risk in Enterprises［J］. Advanced Management Science (ICAMS),2010(2):153-156.

［10］Julian,Craig C. A future research agenda for International Joint Ventures (IJVs) in South East Asia［C］. Proceedings of the 11th Annual Conference of Asia Pacific Decision Sciences Institute,2006:321-324.

［11］Zhu J, Wang H Y. Studies on the Idea Selection and Target Mode of Marketing in Public Utility Organizations［J］. Cancer Research,2011,73(18):5764-5774.

［12］Song F, Ji M. Research on Model-based Optimization Decision of Combinatorial Demand Forecast and Marketing Mix Tactics［C］. International Conference on Intelligent System and Knowledge Engineering, 2008:1443-1447.

武汉城市圈制造业企业财务风险评价

　　2007 年,国务院批准武汉城市圈和长株潭城市群成为全国资源节约型和环境友好型社会建设综合配套改革实验区。自此,武汉城市圈以资源节约和环境友好为宗旨,积极探索新型工业化道路,促进湖北省经济社会的全面发展。目前,工业仍是湖北省经济发展的支柱产业,而制造业作为工业的主体,对湖北省经济发展起着举足轻重的作用。2014 年,湖北省实现工业总产值 43393.87 亿元,比 2013 年增长 10.67%;其中制造业完成工业总产值 40330.26 亿元,比 2013 年增长 11.34%,制造业发展速度快于工业发展速度。2013 年,制造业完成工业总产值 36221.96 亿元,占全省工业总产值的 92.38%;2014 年制造业完成的工业总产值占全省工业总产值的 92.93%,制造业占比工业整体份额仍在扩大①。武汉城市圈虽只占全省总面积的 33%,但占全省总人口的 51.6%,城市密集度较高,经济发展基础较好,资源环境优越。基于这样的优势,武汉城市圈制造业取得了较快发展。与此同时,制造业因受研发能力弱、管理方式粗放、制造成本上升等因素影响,其发展存在一些不容忽视的问题。如何抓住发展机遇克服现有问题,实现武汉城市圈在中部地区率先崛起的发展目标,促使其推动湖北省经济发展,具有重要的研究意义。本章在对武汉城市圈制造业企业发展现状、发展存在的问题进行分析的基础上,选取 31 家制造业企业 15 项财务指标,综合评价其财务状况,以期促进制造业企业优化企业财务状况,提高企业经营效率②。

---

　　①　资料来源:2014—2015 年《湖北统计年鉴》。

　　②　由于相关会计准则和统计编报规则的修订,部分数据无法获得,本章的部分数据更新截止到 2013 年,特此说明。

7.1　武汉城市圈制造业发展现状分析

7.1.1　武汉城市圈经济发展现状分析

武汉城市圈是湖北省产业、人口最密集的区域,是全省经济增长的动力所在。由图 7-1、图 7-2[①] 知,2006—2014 年期间武汉城市圈与湖北省经济都呈稳步增长势头。近年来,武汉城市圈地区生产总值规模不断扩大,2011 年突破 10000 亿元,2013 年突破 15000 亿元,2014 年突破 17000 亿元。同时,武汉城市圈经济发展对湖北省整个区域发展的贡献率较大,且其贡献率较为稳定。自 2006 年至 2014 年,武汉城市圈地区生产总值占全省 GDP 的比重均超过 60%。2009 年、2010 年受全球金融危机的影响,该占比下降,但下降幅度并不大,武汉城市圈地区生产总值占全省 GDP 比重仍保持在 60% 以上,说明武汉城市圈内的企业具备一定的应对危机的能力。

2007 年至 2013 年,武汉城市圈 GDP 增长率与湖北省 GDP 增长率变化趋势也相近,但增长率呈波动式变化,其中 2008 年、2009 年、2012 年、2013 年四年,武汉城市圈 GDP 增长率高于湖北省 GDP 增长率,这在一定程度上均表明武汉城市圈已经成为湖北省经济发展的核心。

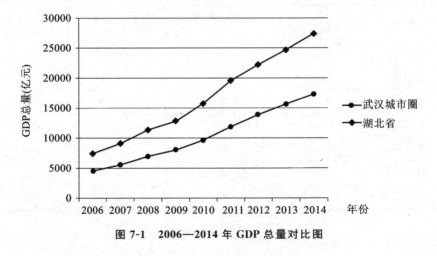

图 7-1　2006—2014 年 GDP 总量对比图

---

① 资料来源:2007—2015 年《湖北统计年鉴》。

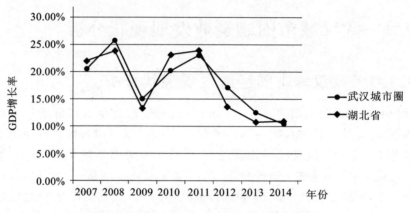

图 7-2　2007—2014 年 GDP 增长率对比图

7.1.2　武汉城市圈制造业发展现状分析

上文从时间序列角度出发研究了武汉城市圈经济发展的趋势性问题,了解到武汉城市圈经济正稳步发展。为了加深对武汉城市圈经济发展现状的了解,全面了解经济运行情况,下文将进行城市圈各城市经济状况的横向比较。2013年①武汉城市圈主要经济运行情况见表 7-1 和表 7-2。

表 7-1　2013 年武汉城市圈经济运行情况(1)

城市	地区生产总值 (亿元)	第一产业 (亿元)	第二产业 (亿元)	第三产业 (亿元)
武汉市	9051.27	335.40	4396.17	4319.70
黄石市	1142.03	95.21	699.20	347.62
鄂州市	630.94	78.51	375.08	177.35
孝感市	1238.93	243.13	602.31	393.49
黄冈市	1332.55	356.79	521.28	454.48
咸宁市	872.11	162.90	423.09	286.12
仙桃市	504.28	80.17	268.77	155.34

---

①　因《湖北统计年鉴 2015》缺乏城市圈各城市大、中、小型企业单位数的详细数据,故采用《湖北统计年鉴 2014》中可得数据为分析对象。

城市	地区生产总值 （亿元）	第一产业 （亿元）	第二产业 （亿元）	第三产业 （亿元）
潜江市	492.70	65.00	290.97	136.73
天门市	365.19	74.30	190.04	100.85
武汉城市圈合计	15630.00	1491.41	7766.91	6371.68
湖北省合计	24668.49	3098.16	12171.56	9398.77
武汉城市圈占 全省的比重（％）	63.36％	48.14％	63.81％	67.79％

资料来源：《湖北统计年鉴 2014》。

根据表 7-1 分析可知，2013 年，城市圈内各城市相关经济指标均在高位运行。2013 年，第二产业生产总值占武汉城市圈生产总值的 49.69％，占湖北省生产总值的 49.34％，说明目前湖北省经济发展仍旧十分依赖第二产业。武汉、黄石、黄冈、孝感市对城市圈制造业的贡献尤为突出，这 4 个城市第二产业生产总值总量达 6218.96 亿元，占武汉城市圈地区生产总值的 80.07％。从地区生产总值的角度来看，核心城市武汉占据了绝对优势，其第二产业生产总值超过其他 8 个城市的工业生产总值之和，占城市圈生产总值的 56.60％，占湖北省生产总值的 36.12％，说明在核心城市武汉已经形成了明显的制造业集聚现象。值得注意的是，黄石市第二产业生产总值仅占城市圈生产总值的 9.00％，尚未彰显作为武汉城市圈副中心城市的发展作用。

表 7-2　2013 年武汉城市圈经济运行情况（2）

城市	全社会固定 资产投资 （亿元）	工业生 产总值 （亿元）	工业企业 单位数 （个）	大型企业	中型企业	小型企业
武汉市	5974.53	3113.30	2289	3.89％	13.81％	82.31％
黄石市	947.69	576.20	648	2.47％	16.36％	81.17％
鄂州市	567.19	361.00	468	1.07％	6.62％	92.31％
孝感市	1215.35	599.48	1132	2.21％	15.02％	82.77％
黄冈市	1365.57	413.65	1215	0.82％	9.30％	89.88％
咸宁市	953.00	430.17	801	0.62％	14.61％	84.77％

续表 7-2

城市	全社会固定资产投资（亿元）	工业生产总值（亿元）	工业企业单位数（个）	大型企业	中型企业	小型企业
仙桃市	306.78	255.03	358	4.75％	34.64％	60.61％
潜江市	303.26	260.54	355	3.94％	34.93％	61.13％
天门市	260.75	167.27	274	7.66％	35.04％	57.30％
武汉城市圈合计	11894.12	6176.64	7540	2.68％	15.88％	81.45％
湖北省合计	20753.9	10044.59	14650	2.35％	13.21％	84.44％

资料来源：《湖北统计年鉴 2014》。

　　根据表 7-2 分析可知，从全社会固定投资和工业生产总值的角度来看，2013年圈内城市基本呈现出与其经济规模相适应的均衡发展态势，武汉依旧占据了绝对优势，固定资产投资额 5974.53 亿元，占武汉城市圈固定资产投资额的 50.23％；工业生产总值 3113.30 亿元，占武汉城市圈工业生产总值的 50.40％。咸宁市全社会固定投资与黄石市固定资产投资额相近，但黄石市工业生产总值比咸宁市高 146.03 亿元，说明城市间工业发展仍有一定差距。从工业企业单位数看，全省整体上都表现出小型企业占绝对数量和比例，这与目前我国制造业企业规模情况相符。武汉城市圈规模以上工业企业中，大型企业占比略高于全国平均水平。其中，武汉（89 家）、仙桃（17 家）、潜江（14 家）和天门（21 家）市的大型企业占比分别为 3.89％、4.75％、3.94％、7.66％，这 4 个城市的大型企业占比明显高于全国平均水平。尽管这 4 个城市的大型企业占比明显高于全国平均水平，但仅武汉实现了制造业集聚发展，其他 3 个城市制造业具备规模发展能力却尚未实现规模发展。与此同时，黄石、孝感规模以上工业企业中，大型企业占比略低于全国平均水平；鄂州、黄冈、咸宁的大型企业占比明显低于全国平均水平。说明这 5 个城市制造业发展基础较为薄弱。

　　从整体上看，武汉城市圈制造业发展与湖北省经济发展趋势相同，但武汉作为湖北省省会、城市圈中心城市，其制造业发展水平明显高于其他 8 个城市，其他 8 个城市的制造业发展水平也存在一定差异，因此，缩小城市圈内各城市制造业发展水平是武汉城市圈制造业进一步发展的方向。

7.2　武汉城市圈制造业财务风险概述

7.2.1　武汉城市圈制造业财务风险特征

(一)客观积累性

风险是客观存在的,企业只要在市场经济环境中生存发展,就会面临风险。导致风险的本质因素是具有不确定性的,因此制造业上市的公司风险是不以人意志为转移的客观存在。从形成原因来看,风险包括自然风险、市场风险、制度风险、技术风险等,各种风险的同时存在会提高制造业上市公司的整体风险。

(二)相互扩散性

随着经营环境的变化、业务复杂程度的加大、行业间关联程度的加深,制造业上市公司面临的各类风险不再是单独存在的,而是相互交织、相互影响的,一种风险的发生通常会引致其他风险的加速产生。各种风险的相互引致、扩散、传染,增大了制造业上市公司面临的整体风险和风险带来的危害程度。

(三)一定时期的隐蔽性

制造业上市公司具有成长周期长、资金需求大、项目成本回收期长、资金周转慢、相关财务活动跨周期等行业特征。这使得风险在短时间内难以被识别、辨认和控制,因而制造业上市公司风险具有一定时期的隐蔽性。然而,在较长的时间里,各种风险不断积累和相互引致,风险的隐蔽性会显得越来越小,最终会以突发的形式爆发出来。

(四)一定程度的可控性

风险是客观存在的,但从微观上讲,制造业上市公司面临的内部风险是可以控制的。一定程度的可控性,实质上是指强化制造业上市公司风险管理,把握经济环境的变化特点,采用科学的风险应对方法,对风险进行事前识别、事中控制和事后化解,在一定程度上降低风险发生的概率和减小风险造成的损失。

7.2.2 武汉城市圈制造业企业财务风险成因

(一)融资渠道单一,融资成本高

企业融资方式有三种:内源融资、债务融资和股权融资。湖北省制造业企业近年来迅速发展,内部现金并不充裕;股权融资成本过高使得企业融资面临较大风险;若企业的资产负债率偏高,企业通过银行贷款也比较困难。可见,在融资渠道的选择上,制造业企业略显被动,可选择的融资渠道并不多,融资渠道单一制约了制造业的发展。在内部现金流不充裕和资产负债率比较高的前提下,银行会提高借款利息率,若不能取得债务融资,企业就要选择成本较高的股权融资。虽然国家政策性银行和部分商业银行现已对制造业的贷款降低了门槛,但银行从稳健性和放贷的风险考虑,只是偏好大型制造业企业,对于制造行业总体而言,仍然要承受较高的融资约束成本。

(二)产业规模小,技术创新能力弱

武汉城市圈制造业产业规模小,竞争优势不明显。根据表 7-3 可知,武汉城市圈规模以上工业企业中,大中型企业占比高于湖北省平均水平。但是与我国经济发展较快的北京相比,武汉城市圈大中型企业占比明显较低。这说明武汉城市圈制造业发展规模有待进一步提升,现有的制造业规模尚未彰显出足够的规模效应。同时,武汉城市圈产业分布不均衡,武汉优势明显,一市独大,大多数的大型企业都集中在武汉市。其他城市制造业产业集群规模小,以劳动密集型产业为主,技术含量低,以低成本获得经济效益。武汉城市圈制造业具备规模发展的优势和条件,但目前尚未实现规模效益。从某种程度而言,这会给企业带来一定程度的经营风险和财务风险,阻碍其成长壮大。制造业企业必须充分利用现有的优势和条件,研究开发先进技术,促进制造业发展。

表 7-3 2011—2013[①] 年相关地区大中型企业占比情况

年份	武汉城市圈	湖北省	北京市
2011	19.25%	17.69%	20.86%
2012	18.07%	16.28%	21.02%
2013	18.56%	15.56%	21.34%

(三)人力资源分布不均衡,高端人才吸纳能力不足

武汉市制造业就业人数占全市三成以上,高等人才也广泛聚集于武汉市,但在周边的 8 个市人才却十分短缺。城市圈内人均收入水平低、人才市场化配置程度不高,导致出现内部人才留不住、外部人才引不进、高素质人才普遍不足的局面。由于武汉城市圈内人才收入及成长环境缺乏竞争力,企业无法提供相对令人满意的薪资条件和发展平台,影响了人才驻留武汉城市圈的积极性,培养的人才大量流失,每年数量庞大的高校毕业生大部分流向了沿海或首都等一线城市,武汉城市圈成了名副其实的人才输出大本营[②]。缺乏高素质的管理人才和优秀员工,相关财务决策和经营发展会面临更多不确定性。特别是缺乏专业的财务管理人员,容易使企业财务管理水平处于较低水平,增加财务风险。

(四)城市体系发展不健全,区域发展差距大

武汉城市圈内各城区之间发展不平衡,有的功能完善、服务齐全,有的则还处于发展或正准备发展中,这种城区的不平衡也导致了产业集群发展不平衡。近年来,城市圈内各城市相关经济指标均在高位运行,第二产业约占城市圈生产总值的 50%,武汉、黄石、黄冈、孝感市对城市圈的贡献尤为突出。核心城市武汉占据了绝对优势,其生产总值超过其他 8 个城市的生产总值之和。在全社会固定投资方面,武汉依旧占据了绝对优势,超过其他 8 个城市的固定资产投资额之和。由于城市经济水平、功能、城市规模等原因,各种经济要素、生产要素过多

---

① 资料来源:2011—2013 年湖北省、北京市统计年鉴,2011—2013 年中国统计年鉴,根据相关数据整理而得。注:2011 年,规模以上工业企业起点标准从年主营业务收入 500 万元提高到 2000 万元。此处仅选取 2011—2013 年数据作比较。

② 傅晓明. 论增强人才吸纳能力与人力资源整合的关系[J]. 中南财经政法大学学报,2010(4):112-117.

地向武汉聚集,加剧了不平衡性。武汉与其他城市在人口、城市实力、消费水平等方面差异明显,导致武汉城市圈无法发挥城市群作用,产品只能在本地区消费,无法扩散到其他地区,而其他地区只能是武汉的原料供给地,无法对武汉产业起到支持作用,产业发展不平衡影响了扩散效应的发挥,加剧了区域经济的两极化。

7.2.3　武汉城市圈制造业企业财务风险来源

制造业上市公司的风险主要来自内、外环境两个方面。首先是制造业上市公司自身的管理问题,例如公司战略决策失误、内部风险控制流于形式、经营负债比率过高、盈利能力不足、现金流断裂等。同时,制造业行业所处的市场环境也存在一定程度的风险,例如证券市场发展滞后及不平衡、国家优惠鼓励政策、行业竞争程度与市场饱和程度等。

(一)武汉城市圈制造业上市公司风险的外部影响因素

武汉城市圈制造业上市公司风险的外部原因主要体现在市场环境、利率水平、法律政策、行业竞争和国家政策等方面。市场环境对制造业的发展影响巨大,主要是因为武汉城市圈的市场环境有地域性,其市场经济有其自身的运行规律,市场需求的变动对制造业行业的投资有重大影响,可能会出现风险状况。以利率水平为代表的金融环境对制造业投资、筹资等经营决策影响重大,目前武汉城市圈正不断推动金融产品和服务创新,完善金融市场体系,努力建成中部金融中心。良好的法律环境有利于提高制造业企业可持续发展的有效性、规范性、效益性,有利于实现环境友好型和资源节约型的双型社会建设。武汉城市圈制造业上市公司必须了解该地区制造业的发展现状、竞争程度、市场容量和发展趋势等行业信息,为适时有效做出科学有效的管理决策提供依据。国家、地方政府对制造业发展推出的优惠鼓励政策和节能减排限制,都会对制造业的需求产生影响,从而产生财务风险[①]。

(二)武汉城市圈制造业上市公司风险的内部影响因素

影响武汉城市圈制造业上市公司风险的内部因素有很多,主要分为财务指标和非财务指标。财务指标是企业总结和评价财务状况和经营成果的相对指

---

①　史欢欢. 我国汽车制造业上市公司财务预警研究[D]. 西安:陕西科技大学,2013.

标,该指标可量化(表 7-4);非财务指标一般无法用财务数据计算,不具有量化性(表 7-5)。制造业上市公司对宏观环境的变化、外部市场和政策的影响不具有可控性,但其内部的风险影响因素是可以觉察的,是可以提前分析预测并进行有效控制的,所以制造业上市公司非常重视风险的内部影响因素。

表 7-4　影响武汉城市圈制造业上市公司风险的财务指标

财务指标	具体指标
短期偿债能力指标	流动比率、速动比率、保守速动比率、现金比率、营运资金比率、营运资金对资产总额比率、营运资金对净资产总额比率、营运资金等
长期偿债能力指标	资产负债率、所有者权益比率、固定资产比率、股东权益对固定资产比率、权益对负债比率、有形净值债务率、利息保障倍数、息税摊销前利润与债务比等
营运能力分析指标	应收账款周转率、存货周转率、营运资金周转率、流动资产周转率、固定资产周转率、长期资产周转率、总资产周转率等
盈利能力指标	营业毛利率、营业收入净利润率、流动资产净利润率、固定资产净利润率、边际利润率、股东权益净利润率、资产报酬率、总资产净利润率等
风险水平指标	财务杠杆系数、经营杠杆系数、综合杠杆系数等
股东获利能力指标	每股收益、每股净资产、市净率、市销率、市盈率、留存收益率、普通股获利率等
现金流量能力指标	每股经营活动现金净流量、每股现金净流量、自由现金流等
发展能力指标	资本保值增值率、资本积累率、固定资产增长率、总资产增长率、净利润增长率等

表 7-5　影响武汉城市圈制造业上市公司风险的非财务指标

非财务指标	具体指标
经营	战略目标、公司潜在发展能力、市场份额、管理有效性、公共责任等
顾客	顾客满意度、产品和服务质量等
员工	员工满意度和保持力、员工培训、团队精神、创新能力、技术目标等

7.3　武汉城市圈制造业企业财务风险实证研究

本章选取了武汉城市圈 31 家制造业上市公司 2011—2013 年的财务数据[①]。从 31 家制造业企业财务报告中选取了 15 项财务指标作为实证研究的原始数据,利用 Yaahp 6.0 软件运用层次分析法进行实证研究。

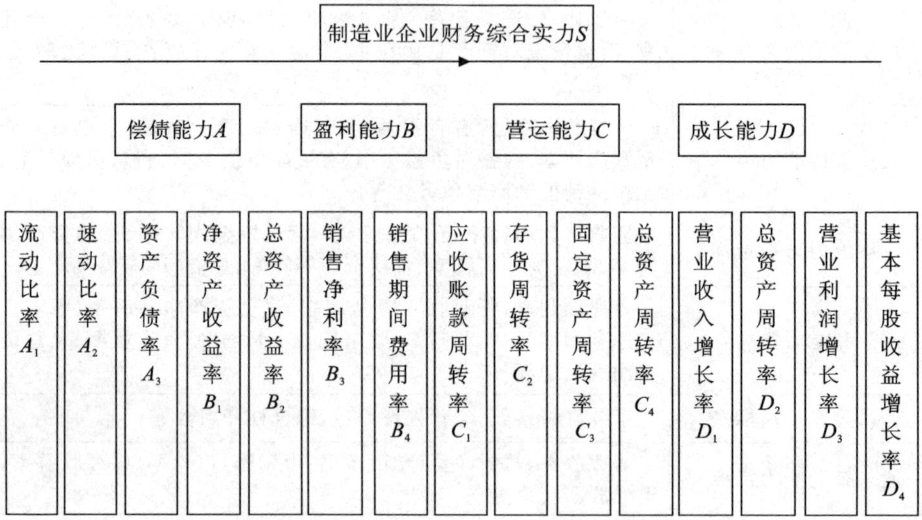

```
                    制造业企业财务综合实力S
 ┌─────────────────────────────────────────────────────┐

  ┌─────────┐   ┌─────────┐   ┌─────────┐   ┌─────────┐
  │偿债能力A │   │盈利能力B │   │营运能力C │   │成长能力D │
  └─────────┘   └─────────┘   └─────────┘   └─────────┘

 流动  速动  资产  净资  总资  销售  销售  应收  存货  固定  总资  营业  总资  营业  基本
 动比  动比  产负  资产  资产  售净  售期  收账  货周  定资  资产  业收  资产  业利  本每
 比率  比率  负债  产收  产收  净利  期间  账款  周转  资产  产周  收入  产周  利润  股收
 率    率    率    益率  益率  利率  费用  周转  转率  周转  周转  入增  周转  增长  收益
 A₁   A₂   A₃   B₁   B₂   B₃   率    率    C₂   率    率    长率  率    率    增长
                              B₄   C₁        C₃   C₄   D₁   D₂   D₃   率
                                                                        D₄
```

图 7-3　武汉城市圈制造业企业财务风险评价的层次分析图

7.3.1　构造判断矩阵

在 Yaahp 软件中建立制造业企业财务风险分析的层次分析图(图 7-3),最上层为目标层,中间的为中间层,最底层为备选方案层。通过分析武汉城市圈制造业发展水平,采用专家评分法,邀请相关人员对各层次内两个因素之间的相对重要性作出判断,写出判断矩阵,各因素间重要性程度符合满意一致性原则。具体见表 7-6～表 7-10。

---

　　① 实证研究相关资料来源于中国证券网各上市公司年报。

表 7-6 中间层对目标层的判断矩阵

	A	B	C	D
偿债能力指标 A	1	2/3	4/3	1/2
营运能力指标 B	3/2	1	3/2	4/3
盈利能力指标 C	3/4	2/3	1	3/5
成长能力指标 D	2	3/4	5/3	1

表 7-7 偿债能力指标的判断矩阵

	A_1	A_2	A_3
流动比率 A_1	1	2/3	3/4
速动比率 A_2	3/2	1	4/5
资产负债率 A_3	4/3	5/4	1

表 7-8 盈利能力指标的判断矩阵

	B_1	B_2	B_3	B_4
净资产收益率 B_1	1	3/2	3/4	4/5
总资产收益率 B_2	2/3	1	4/5	2/3
销售净利率 B_3	4/3	5/4	1	3/2
销售期间费用率 B_4	5/4	3/2	2/3	1

表 7-9 营运能力指标的判断矩阵

	C_1	C_2	C_3	C_4
应收账款周转率 C_1	1	3/2	4/3	3/4
存货周转率 C_2	2/3	1	5/4	2/3
固定资产周转率 C_3	3/4	4/5	1	5/4
总资产周转率 C_4	4/3	3/2	4/5	1

表 7-10 成长能力指标的判断矩阵

	D_1	D_2	D_3	D_4
营业收入增长率 D_1	1	5/2	2/3	3/4
总资产增长率 D_2	2/5	1	4/5	2/3
营业利润增长率 D_3	3/2	5/4	1	3/2
基本每股收益增长率 D_4	4/3	3/2	2/3	1

7.3.2　层次排序和一致性检验

在 Yaahp 6.0 软件中直接得出层次排序的结果,得到每个判断矩阵的最大特征值及其对应的特征向量,其中特征向量都是经过单位化后的特征向量。根据最大特征值求解一致性指标 $CI=(R-n)/(n-1)$,然后找出对应的平均随机一致性指标 RI 的值,根据 $CR=CI/RI$ 计算出各判断矩阵相对应的一致性比率 CR。由表 7-11 可知,各个判断矩阵的一致性比率 $CR<0.1$,所以五个判断矩阵都通过了一致性检验。

表 7-11　各指标最大特征值一致性检验

指标	具体指标个数	最大特征值	一致性检验 CI	平均随机一致性指标 RI	一致性比率 CR
财务风险	4	4.0495	0.0165	0.90	0.0183
偿债能力指标	3	3.0129	0.00645	0.58	0.0111
营运能力指标	4	4.0460	0.015333	0.90	0.0170
盈利能力指标	4	4.0985	0.032833	0.90	0.0365
成长能力指标	4	4.0926	0.030867	0.90	0.0343

7.3.3　计算各指标权重值

根据 Yaahp 软件,可以得到各层次中每个因素对于中间层目标的权重值,以及中间层对于目标层的权重值,还可以获得各备选方案中每个因素相对于总体目标层的权重(表 7-12)。

表 7-12　层次分析法结果

财务指标	备选方案	权重	总计
偿债能力指标	流动比率	0.0516	0.1978
	速动比率	0.0691	
	资产负债比率	0.0771	
盈利能力指标	净资产收益率	0.0764	0.3187
	总资产收益率	0.0606	
	销售净利率	0.0987	
	销售期间费用率	0.0830	

财务指标	备选方案	权重	总计
营运能力指标	应收账款周转率	0.0493	0.1792
	存货周转率	0.0384	
	固定资产周转率	0.0414	
	总资产周转率	0.0501	
成长能力指标	主营业务增长率	0.0775	0.3043
	总资产增长率	0.0463	
	营业利润增长率	0.1018	
	基本每股收益增长率	0.0787	

7.3.4 武汉城市圈 31 家制造业企业财务风险的实证分析

(一)数据标准化

从武汉城市圈 31 家制造业企业财务报告中选取 15 项财务指标作为原始数据。由于相关指标不具备可比性,不能直接进行比较,为了消除评价指标的量纲不同而带来的影响,本书利用 SPSS 18.0 对 2011—2013 年数据分别进行标准化,将实际值转化成可比较的评价值。

(二)计算 31 家制造业企业财务综合指标得分

层次分析法的目的是得出总的目标层各决策方案的优先顺序权重,然后给出这一组合排序权重所依据的整个阶梯层次结构所占总因素的一致性指标,并在此基础上作出决策。

31 家制造业企业财务综合得分的计算公式如下:

$$S = \sum_{i}^{n} \omega_i \times p_i$$

其中,S 是各制造业企业融资风险得分;ω_i 是权重值;p_i 是各项目标准化后的评价值。根据公式计算得出 31 家制造业企业 2011—2013 年财务综合得分(表 7-13)。

表 7-13　2011—2013 年武汉城市圈 31 家制造业企业财务综合得分

证券代码	企业名称	2011 年	2012 年	2013 年
000707	双环科技	0.4545	−0.1500	−1.0757
000708	大冶特钢	−0.1247	−0.2669	−0.1714
000852	江钻股份	−0.1087	−0.0545	−0.0922
000952	广济药业	−0.3601	−1.1478	−0.0691
000971	ST 迈亚	−0.7336	0.1500	−0.4832
000988	华工科技	−0.1514	−0.1438	−0.1691
002194	武汉凡谷	−0.1253	−0.1741	−0.0260
002281	光迅科技	−0.0961	−0.0993	−0.0816
002365	永安药业	0.0515	−0.0807	−0.0750
002377	国创高新	−0.1938	−0.1116	−0.0850
002414	高德红外	0.2336	0.3186	0.0056
300018	中元华电	0.1224	0.0279	0.1574
300054	鼎龙股份	−0.1097	−0.0683	0.1070
300161	华中数控	−0.0687	−0.1644	−0.0567
600005	武钢股份	−0.2470	−0.2351	−0.0459
600006	东风汽车	−0.2249	−0.2145	0.0577
600079	人福医药	0.2158	0.1045	0.0253
600107	美尔雅	0.1611	0.1957	−0.0247
600345	长江通信	−0.0537	−0.1205	−0.3344
600355	*ST 精伦	0.2591	−0.1113	−0.5616
600421	ST 国药	−0.1651	1.6892	0.4957
600498	烽火通信	−0.0240	−0.0055	0.0302
600568	中珠控股	0.0862	−0.0902	0.0500
600769	*ST 祥龙	−1.2422	−0.6951	0.7907
600801	华新水泥	0.1085	−0.0911	0.1155
600879	航天电子	−0.1423	−0.0656	−0.0783
300205	天喻信息	0.3796	0.3952	0.6633
300220	金运激光	0.5986	0.4559	0.3108
300323	华灿光电	0.3260	0.0783	−0.0908
300276	三丰智能	0.4823	0.1210	0.1824
300276	三丰智能	0.4823	0.1210	0.1824

（三）31 家制造业企业财务综合指标得分排名情况

根据 2011 年、2012 年、2013 年三年的财务综合得分情况，对 31 家制造业企业每一年的财务得分按降序进行排名，见表 7-14。

表 7-14　2011—2013 年武汉城市圈 31 家制造业企业财务综合得分排名[①]

证券代码	企业名称	2011 年排名	2012 年排名	2013 年排名	T_2-T_1	T_3-T_2	平均变动
600769	顾地科技	1	2	3	1	1	1
000971	金运激光	2	3	5	1	2	1.5
000952	三丰智能	3	8	6	5	2	3.5
600005	双环科技	4	24	31	20	7	13.5
600006	天喻信息	5	4	2	1	2	1.5
002377	华灿光电	6	10	24	4	14	9
600421	*ST 精伦	7	20	30	13	10	11.5
000988	高德红外	8	5	14	3	9	6
600879	人福医药	9	9	13	0	4	2
002194	美尔雅	10	6	15	4	9	6.5
000708	中元华电	11	11	7	0	4	2
300054	华新水泥	12	18	8	6	10	8
000852	中珠控股	13	17	11	4	6	5
002281	永安药业	14	16	20	2	4	3
300161	烽火通信	15	12	12	3	0	1.5
600345	长江通信	16	22	28	6	6	6
600498	华中数控	17	25	18	8	7	7.5
002365	光迅科技	18	19	22	1	3	2
600568	江钻股份	19	13	25	6	12	9
600801	鼎龙股份	20	15	9	5	6	5.5
300018	大冶特钢	21	29	27	8	2	5
600107	武汉凡谷	22	26	16	4	10	7
600079	航天电子	23	14	21	9	7	8

①　注：表中 T_2-T_1 指 2011—2012 年排名变化情况；T_3-T_2 指 2012—2013 年排名变化情况。

续表 7-14

证券代码	企业名称	2011 年排名	2012 年排名	2013 年排名	T_2-T_1	T_3-T_2	平均变动
002414	华工科技	24	23	26	1	3	2
600355	ST 国药	25	1	4	24	3	13.5
300323	国创高新	26	21	23	5	2	3.5
300205	东风汽车	27	27	10	0	17	8.5
000707	武钢股份	28	28	17	0	11	5.5
300276	广济药业	29	31	19	2	12	7
300220	ST 迈亚	30	7	29	23	22	22.5
002694	＊ST 祥龙	31	30	1	1	29	15

(四)结论分析

通过选取 15 个与制造业企业财务状况联系紧密的财务指标,利用 Yaahp 6.0软件建立层次分析模型,计算得出每个财务指标的权重值;武汉城市圈 31 家企业财务资料来源于各自其对外披露的财务报告,15 项财务指标的具体数据由 SPSS 18.0 统计软件通过无纲量化进行标准化;最后将标准化后的数据与各指标的权重值进行相乘得出其综合得分,来衡量其财务风险情况。根据其近 3 年综合得分的排名结果可以得出以下结论:

1. ST、＊ST 制造业企业经营不稳定,财务风险大

ST 企业是指连续两年亏损的上市公司;＊ST 企业是指连续三年亏损的上市公司。因 ST、＊ST 企业财务状况或其他状况出现异常,其股票交易一般要进行特殊处理(Special Treatment)。31 家制造业企业中有 4 家 ST 企业,其近三年的财务综合得分排名变化幅度特别大,＊ST 祥龙排名甚至变化了 29 位,平均变化达 15 位。观察这 4 家 ST 企业近三年的财务报告,发现 ST 企业有较多盈利能力指标和成长能力指标为负值,而偿债能力指标和营运能力指标虽未多为正值,但比率较小,这表明 ST 企业盈利能力和成长能力不足,见表 7-15。同时,制造业因受投资规模大、融资成本高、投资回收期长、资产流动性弱等行业因素影响,其盈利能力和成长能力严重不足会直接导致企业陷入经营危机,面临严重的财务风险。表 7-15 表明 ST 企业财务状况变化大,可能由最后一名变化到第一名,这主要是受 ST 企业保壳的影响。一般 ST 企业都会为了持续生存发展,会利用各种方法实现保壳,因而一般会造成"畸形保壳生态"。

表7-15　2011—2013年4家ST企业盈利能力和成长能力情况

年份	企业名称	盈利能力				成长能力			
		净资产收益率	总资产收益率	销售净利率	销售期间费用率	营业收入增长率	总资产增长率	营业利润增长率	基本每股收益增长率
2011	ST迈亚	-1.1876	-0.1035	-0.3183	0.2312	0.0973	-0.0096	-0.5545	-5.2857
	*ST精伦	0.1358	0.1044	0.2339	0.3646	-0.0739	-0.0161	5.1400	3.2000
	ST国药	0.5000	-0.3108	-1.8755	0.8782	-0.2468	-0.2089	-0.2579	-0.2500
	*ST祥龙	-0.6431	-0.1885	-0.2251	0.1339	0.0656	-0.0543	-3.9140	-57.6571
2012	ST迈亚	0.4360	0.0131	0.0393	0.2486	-0.1230	-0.2797	0.0634	1.1000
	*ST精伦	0.0073	0.0061	0.0123	0.3164	0.0740	-0.0550	-1.3097	-0.9524
	ST国药	0.4992	1.0428	2.4344	0.1693	3.5731	2.0058	0.7108	7.1000
	*ST祥龙	-0.8357	-0.8401	-2.6304	0.7343	-0.7252	-0.5180	-2.2566	-2.2373
2013	ST迈亚	-0.5407	-0.0460	-0.1468	0.3213	-0.4850	-0.6920	0.7726	-3.0000
	*ST精伦	-0.1293	-0.1021	-0.1808	0.4563	0.1391	0.0621	-4.7193	-24.0000
	ST国药	0.1107	0.0808	0.1249	0.0318	1.2651	-0.0014	2.8057	-0.8852
	*ST祥龙	-0.7594	1.5601	16.1185	10.6620	-0.8825	-0.8077	0.4912	1.7225

2. 盈利能力、成长能力不足加大企业财务风险

因受 4 家 ST 企业排名变化的影响,其他企业财务综合排名变动在 5～7 位范围内都为正常范围。除了 4 家 ST 企业排名变化幅度大外,还有双环科技、华灿光电两家企业排名变动幅度大,且其排名情况呈大幅下滑趋势。通过观察,两家企业盈利能力、成长能力指标几乎均为负值,其获利能力和发展能力严重不足,使企业遭受严重财务危机。与之相反的是武汉凡谷和鼎龙股份,排名上升幅度大,主要是其盈利能力和成长能力指标均为正值。值得注意的是,鼎龙股份2013 年营业收入增长率为 54.99%,总资产周转率为 54.5%,营业收入增长率为 32.02%,基本每股收益增长率为 17.39%。表明制造业企业应建立以偿债能力、营运能力管理为基础,以盈利能力管理为目标,以成长能力管理为核心的管理思想。

3. 资本结构趋于优化,但总风险仍然较大

2011 年至 2013 年武汉城市圈 31 家制造业企业平均资产负债率分别为52.19%、47.10%、44.34%,资产负债率略有下降趋势。同时经营活动所需资金相对于流动负债而言较为充裕,这说明武汉城市圈制造业企业偿债能力较强,偿债风险较小。但 2011 年至 2013 年 31 家企业平均营业收入增长率分别为 18.45%、12.21%、10.12%,呈明显下滑趋势,且都没有达到行业平均水平。分析其原因,主要是其成本费用不断增加,这三年平均销售期间费用率分别为 19.88%、21.66%、25.93%。生产成本居高不下导致企业盈利能力下降,进而导致成长能力不足。说明在当前原材料和人力成本都不断上涨的外部环境下,武汉城市圈制造业上市公司如何控制经营风险是企业经营管理的关键。

4. 具备扩张条件,但未实现规模经济

2013 年武汉城市圈 31 家制造业企业的平均营业收入增长率为 10.12%,资产周转率为 4.36%,营业利润率为 -29.95%,说明武汉城市圈制造业企业能克服企业劣势,摆脱环境劣势,市场占有能力大,具备扩大规模的潜力。但营业利润率为负值,在当前有利于企业增收减支的税收环境下,一方面说明制造业上市公司在成本费用控制方面存在问题,另一方面也说明营业收入增长更多源于扩大生产量,但没有实现规模经济效益。这从本质上体现了制造业企业尚未从劳动密集型成功转型,需要进一步努力。

7.4 加强武汉城市圈制造业企业财务风险管理

7.4.1 加强制造业企业的技术创新，提高盈利能力

目前武汉城市圈制造业企业的自主创新能力，与东部沿海城市制造业平均水平比较还有一段差距。自有技术少，自主创新能力不足，导致过分依赖外来技术，而提高自主创新的能力可以提高制造业企业盈利能力，有效降低财务风险。制造业企业应该培养自主创新的意识，重视技术人才和管理人才，加大技术研发投入，使自主创新成为制造业企业发展的核心竞争力。对企业产品设计进行可行性分析，引入高新技术，建立品牌优势；引进科学的管理体系，优化生产流程，降低成产损耗，提高资产利用率；提高产品质量和附加值，确保产品质量管理，提高客户满意度，从整体上提高企业盈利能力。

7.4.2 扩展制造业企业的融资模式，优化融资结构

从宏观方面看，政府应为制造业企业提供更大力度的政策扶持和优惠政策，在金融、财税等政策上给予进一步的支持，为制造业融资创造良好的发展环境。同时，根据优序融资结构理论，制造业上市公司融资的首要选择应是内源融资，然后才是外源融资。在外源融资中，应减小银行借贷的规模，增加债券的发行数量，使得股权融资的规模低于债权融资的规模，形成各种方式并存的组合式融资结构。不同的融资渠道和融资方式付出的代价不同，即资金成本有差异。应科学选择融资方式，注意融资成本，优化企业融资结构。此外，还应综合考察各种融资方式，研究各种资金来源的构成，从整体上降低企业融资风险。

7.4.3 注重主营业务的发展，兼营多元化的其他业务

武汉城市圈制造业市场占有能力强，具备扩大企业规模的潜力。针对这种良好的成长性，制造业企业应抓住机遇，加大对主营业务投入的力度，扩大生产，巩固企业竞争地位。同时，针对企业销售期间成本费用较高的情况，制造业企业应寻找更多的发展机会，扩大企业经营业务，分散企业经营风险，充分利用各种企业资源，提高企业经营效益。多元化的发展能帮助企业获得管理、广告、商誉、销售等各方面的协同效应，使企业的人员、设备、资源的生产效率得到提高，还能帮助企业获得批量采购原材料、设备等的规模经济，使企业获得成本优势，从而

控制企业财务风险。

7.4.4　提高服务水平和产品质量,增强市场竞争能力

湖北省政府应当结合武汉城市圈资源优势和地域特点,选择与该地区相适应的产业构建产业集群,并加以扶持,充分发挥政府和行业机构的作用,通过各种方式,组织、开办各种博览会或其他公关活动,营造良好的品牌运作氛围。同时,制造业企业应当根据产品价值链和产业链与其他企业形成稳固的供应链关系,根据产品特点和自身需要找准目标市场,推行营销战略,不断提高服务水平,为形成品牌打造基础;还应加强与科研机构的合作,不断研发出新的产品和技术,提高自主创新能力,形成具有自主知识产权和自主品牌的现代新企业,增强集群区域品牌知名度和竞争力①。

7.4.5　建立健全财务风险防范机制,提高抗风险能力

制造业企业应确立财务风险预防目标,选择科学的风险评估方法,完善财务风险预警机制,对企业经营发展过程中可能出现的各种风险进行识别和判断。对于可能会诱发财务风险发生的相关因素,要特别加强防范和监督。在发生财务危机时,要科学分析危机发生的原因,准确评估危机的性质和后果,成立财务危机专门处理小组,收集资料,判断形势,抓住处理财务危机的重点,选择合适的解决方案。解决财务危机后,制造业企业应对危机预防、危机处理作出小结,总结经验教训。同时,制造业企业应努力提升自身实力,完善企业内部的管理,制定和完善各种管理制度,减小各种不确定因素对企业发展造成的不良影响,从根本上增强抗风险能力。

参 考 文 献

[1] 周起业,刘再兴. 区域经济学[M]. 北京:中国人民大学出版社,2002.

[2] 倪鹏飞. 中国城市竞争力报告 No.4[M]. 北京:社会科学文献出版社,2002.

[3] 彭际作. 大都市圈人口空间格局与区域经济发展——以长江三角洲大

---

① 崔沛然. 武汉城市圈制造业集群供应链形成机理的研究[D].武汉:武汉理工大学,2010.

都市圈为例[D]. 上海：华东师范大学，2006.

[4] 王圣军. 大都市圈发展的经济整合机制研究[D]. 成都：西南财经大学，2008.

[5] 曾光,李菲. 武汉城市圈制造业集聚的实证研究[J]. 长江流域资源与环境，2010(11)：1237-1239.

[6] 蒲丽娟. 武汉城市圈经济一体化研究[D]. 成都：西南财经大学，2013.

[7] 吴世龙,卢贤义. 我国上市公司财务困境的预测模型研究[J]. 经济研究，2001(6)：30-32.

[8] 陈强,薛华. 基于 GA—BPNN 的上市公司财务预警模型[J]. 沿海企业与科技，2007(5)：31-34.

[9] 冯雨. 综合财务和非财务指标构建财务预警模型[J]. 焦作大学学报，2009(2)：27-30.

[10] 张红梅,童岳蒿. 可变精度粗糙集在上市公司财务预警中的运用[J]. 会计之友，2011(26)：27-30.

[11] 傅晓明. 论增强人才吸纳能力与人力资源整合的关系[J]. 中南财经政法大学研究生学报，2010(4)：112-117.

[12] 崔沛然. 武汉城市圈制造业集群供应链形成机理的研究[D]. 武汉：武汉理工大学，2010.